मानसिक दीमक : तनाव

मानसिक दीमक
तनाव

प्रमोद कुमार मेहता

अध्यक्ष

सोसाइटी फार हैपीनेस रिसर्च इनीशिएटिव,

इलाहाबाद

THE BOOK LINE

दी बुक लाईन
106, 4787/23 प्रथम तल, अंसारी रोड, दरिया गंज,
नई दिल्ली - 110002
ईमेल : sales@thebooklineonline.com
बेबसाईट : www.bookline.co.in

ISBN 978-93-82524-31-1

मूल्य : रुपये 230.00

अक्षर संयोजक : एस.एन. ग्राफिक्स, भजनपुरा दिल्ली
मुद्रक : क्वाल्टी प्रिन्ट प्रोडक्ट, चावड़ी बाजार दिल्ली

भारत सरकार
नवीन और नवीकरणीय ऊर्जा मंत्रालय
Government of India
MINISTRY OF NEW AND RENEWABLE ENERGY
ब्लाक नं. 14, केन्द्रीय कार्यालय परिसर, लोदी रोड़ नई दिल्ली–110003
BLOCK NO. 14, C.G.O. COMPLEX, LODI ROAD, NEW DELHI-110 003

Fax : 011-24361298
Telegram : RENEWABLE

Tele fax: 011-24363035
Email: aktripathi@nic.in

सं. **दिनांक**

No. **5/71/2013-14/RT** **Dated 10.03.2016**

दो शब्द / समाजोपयोगी प्रयास

मानव को सृष्टि सर्वोत्तम कृति माना गया है। ईश्वर ने उसे, अन्य जीवों की अपेक्षा अधिक बौद्धिक एवं शारीरिक क्षमता प्रदान की है जिसकी बदौलत वह निरन्तर विकास पथ पर बढ़ता आ रहा है। इंसान ने अपनी समस्याओं एवं कठिनाइयों का निवारण करने तथा अधिकाधिक सुख-सुविधाओं के साधनों को खोजने और बनाने की दिशा में उल्लेखनीय प्रगति की है। उतना ही सच यह भी है कि प्रगति की इस तेज आंधी ने उससे उसके जीवन का वास्तविक आनन्द व सुख-चैन छीन लिया है उसकी मानसिक शान्ति भंग कर दी है और अब उसके पास यदि कुछ बचा है तो वह है ***तनाव, टेन्शन स्ट्रेस!*** कहने में यह बात भले ही सरल लगती हो किन्तु है विचारणीय! सच तो यह है कि आज **"तनाव"** एक गंभीर समस्या का रूप ले चुका है, जिसके परिणाम काफी हानिकारक हो सकते हैं। समय रहते इस समस्या का निवारण आज की प्राथमिक आवश्यकता है।

श्री प्रमोद कुमार मेहता रचित यह पुस्तक आज की इसी ज्वलन्त समस्या के निवारण की दिशा में एक प्रशंसनीय प्रयास है। पुस्तक में मानसिक तनाव को परिभाषित करते हुए उसके लक्षणों कारणों एवं परिणामों की सूक्ष्म विवेचना अत्यंत सरल शब्दों में की गयी है। तनाव से बचाव अथवा मुक्ति के जो उपाय बताए गए हैं वे अत्यन्त व्यवहारिक हैं और सरलता से अपनाए जा सकते हैं। मुझे आशा है कि यह पुस्तक अपने उद्देश्य में सफल होगी एवं अधिकाधिक पाठक इससे लाभान्वित होंगे। इस समाजोपयोगी प्रयास के लिये श्री मेहता बधाई के पात्र हैं।

डॉ. अरुण कुमार त्रिपाठी
सलाहकार

प्रस्तावना

मानव जीवन की कहानी का एक विचित्र पहलू यह है कि वह प्रतिदिन अपने घर से निकलता तो है खुशी की तलाश में, अपनी और अपने परिवार की, दिन भर जी तोड़ मेहनत करता है अपने व्यवसाय में, अपनी नौकरी में अथवा अन्यथा; परन्तु शाम को घर लौटता है तो एक तनाव, एक थकान या कोई चिन्ता ले कर! ऐसा भी नहीं है कि उसकी मेहनत व प्रयास सफल नहीं होते; उसकी उपलब्धियां, उसकी खुशियाँ उसके सामने होती हैं किन्तु तनाव, चिन्ता व थकान के कोहरे में दिखाई नहीं देती! इसके अतिरिक्त एक अन्य कारण है, उसकी उपलब्धियों में आभाव होता है संतोष का इस आभाव का कारण होता है हर बार एक नया सपना, एक नया लक्ष्य!! सपने उसे रुकने नहीं देते और असंतोष उसे खुश होने नहीं देता। और इसी कश-म-कश से जूझता वह अपनी तीन-चौथाई जिन्दगी बिता कर आ खड़ा होता है एक ऐसे मुकाम पर जहाँ अब उसके पास पश्चाताप के अतिरिक्त कुछ नहीं रह जाता!! और अगर कुछ होता है तो वह है उच्च रक्त चाप, हृदय रोग, पेट का अल्सर आदि-आदि। आखिर क्यों? भले ही यह बात सब पर लागू न होती हो परन्तु अधिकाँश लोगों को इसी दौर से गुजरते देखकर यह प्रश्न स्वतः उठ खड़ा होता है कि आखिर खुशी की राह में यह तनाव कहाँ से और क्यों आ जाता है? क्या

इससे बचने का कोई उपाय नहीं है? और अगर आ ही गया है तो क्या उसे समाप्त नहीं किया जा सकता? उस पर विजय प्राप्त नहीं की जा सकती?

ऐसे ही कुछ प्रश्नों के विषलेशणात्मक अध्ययन का परिणाम कही जा सकती है यह पुस्तक। मैंने इस पुस्तक में तनाव को मानसिक दीमक की संज्ञा दी है क्योंकि मानव शरीर व मस्तिष्क पर इसका प्रभाव भी दीमक की भांति अत्यंत घातक होता है। जिस प्रकार अनियंत्रित दीमक बडे-बडे ढाँचे को खोखला कर मिट्टी में मिला सकती है, उसी प्रकार अनियंत्रित तनाव इस मानव रुपी ढाँचे को अस्तित्व विहीन कर सकता है! अतः, यदि समय रहते हम अपने जीवन में कुछ बातों, कुछ आदतों, कुछ विचारों के प्रति सजगता अपना लें तो कदाचित हम एक तनाव रहित जीवन व्यतीत करते हुए खुशहाल रह सकते हैं।

ऐसा भी नहीं है कि यह पुस्तक इस विषय पर किसी नवीनतम शोध का परिणाम हो, इसका एकमात्र उद्देश्य है उन अनेक बातों को दोहराना, उन अनेक सूत्रों की याद ताघ करना जो हमारे बडे-बुजुर्ग सदियों से कहते आये हैं, स्वस्थ एवं तनाव मुक्त जीवन जीने के संबंध में। वस्तुतः यह एक संकलन है अपने जीवन के खट्टे-मीठे अनुभवों तथा विभिन्न श्रोतों से एकत्र महत्वपूर्ण तथ्यों का, विशेषकर आज की नयी पीढ़ी के लिए, जिनमें इस दीमक का प्रकोप कुछ ज्यादा ही दृष्टिगत हो रहा है! अतिश्योक्ति न होगी यदि कहा जाय कि आज शब्द 'टेन्शन' भी फैशन में आ गया है, इंसान के बडप्पन की निशानी, उसकी व्यस्त्ता का प्रतीक! कभी-कभी लगता है कि ज्ञान-विज्ञान तथा महत्वाकांक्षा की दौड़ में आज की पीढ़ी कुछ इतनी तेजी से आगे बड़ रही है कि अनेक पुरातन बहुमूल्य विचार एवं सुझाव शायद पीछे ही छूटते जा रहे हैं।

यह पुस्तक, निश्चय ही मेरे परिवार के सदस्यों एवं मेरे प्रिय मित्रों के सक्रिय सहयोग एवं प्रोत्साहन का परिणाम है। मैं डॉ. अरूण कुमार त्रिपाठी जी, सलाहकार, भारत सरकार का हार्दिक रूप से आभारी हूँ जिन्होंने अपना बहुमूल्य समय प्रदान कर पुस्तक की पांडुलिपि को पढ़ा और अपने आशीर्वचनों को लिपिबद्ध कर मुझे प्रोत्साहित किया। पुस्तक में संचित विषय सामग्री कहाँ तक एवं कितनी उपयोगी सिद्ध होती है यह तो उसके व्यवहारिक अनुसरण पर ही निर्भर करता है, तथापि अपने विज्ञ पाठकों से मेरा विनम्र अनुरोध है कि संदर्भगत विषय में अपने विचारों एवं सुझावों से मुझे अवगत करा कर अनुग्रहित करें।

इलाहाबाद : **—प्रमोद कुमार मेहता**

22-03-2016

अनुक्रमणिका

खुशी की तलाश, और तनाव

इस संसार में ईश्वर की सर्वोत्कृष्ट कृति मानव है जिसे उसने विभिन्न गुण व अनेक शक्तियाँ देकर इस संसार में भेजा है। इनमें से प्रमुख हैं, बौद्धिक शक्ति, मानसिक शक्ति व शारीरिक शक्ति : अपनी इन्हीं शक्तियों का प्रयोग करते हुए मनुष्य निरन्तर अपने लिए विभिन्न सुख-सुविधाओं की खोज करता आ रहा है। इसे हम इस प्रकार भी कह सकते हैं कि मनुष्य सदैव से ही अपनी प्रसन्नता के लिए नाना प्रकार के उपाय करता रहा है, अपने हर कार्य में वह खुशी को तलाश करता है। यदि इस संबंध में और गहन अध्ययन करें तो हम पायेंगे कि हमारे प्रत्येक कार्य अथवा व्यवहार का प्रत्यक्ष अथवा परोक्ष उद्देश्य खुशी की प्राप्ति ही होता है। हर मनुष्य का सपना होता है एक खुशहाल और सुखी जीवन! अपने इस सपने को साकार करने के लिए वह अपनी सभी शक्तियाँ लगा देता है और आजीवन हर संभव प्रयास करता रहता है। यहाँ पर शब्द आजीवन इसलिए प्रयोग किया गया क्योंकि खुशी की यह तलाश द्रौपदी के चीर की भांति निरन्तर बढ़ती ही जाती है। एक पड़ाव या लक्ष्य प्राप्त करते ही दूसरा सामने नजर आने लगता है!! अब प्रश्न यह उठता है कि जब खोज आजीवन चलती रहेगी तो उपलब्धि का उपभोग कब होगा? अपने प्रयास के फल का लाभ कब मिलेगा? सरल शब्दों में, जिस खुशी को पाने के लिए एड़ी-चोटी का जोर लगा दिया, सारा, जीवन खपा दिया, जब

वह कुछ करीब दिखने लगी तो पता चला कि अब समय ही कम रह गया उस खुशी के साथ रहने का !! मानव की इस प्रकृति एवं प्रवृत्ति को बड़े खूबसूरत ढंग से व्यक्त करने का प्रयास इस कहानी में किया गया है :

मातादीन एक गरीब फेरी वाला था जो गली-गली घूम कर सब्जी बेचा करता था। वह निरन्तर कड़ी मेहनत कर अधिक से अधिक बिक्री का प्रयास करता था क्योंकि उसका एक सपना था, स्थानीय बाजार में एक दुकान खोलना। उसकी मेहनत रंग लायी और कुछ समय बाद वह 'फेरी वाले' से 'दुकानदार' बन गया!! अपनी इस उपलब्धि से उसका उत्साह और बढ़ गया; वह अपनी दुकान पर बैठ कर सब्जी बेचते हुए गौरवान्वित महसूस करता। कुछ ही महीनों बाद यह कार्य उसकी दिनचर्या बन चुका था और अपनी इस उपलब्धि को भुलाकर, एक नया सपना उसकी ऑखों में छाने लग गया। अब वह स्वयं को एक थोक व्यापारी के रूप में देखने का सपना संजोने लग

गया था। उसमें मेहनत और लगन की कमी तो थी नहीं, अतः अगले कुछ वर्षो में उसने अपना यह सपना भी साकार कर लिया। अब वह सब्जी मंडी में सेठ मातादीन के रूप में जाना जाने लगा। अपने व्यापार में दिन-ब-दिन बढ़ोत्तरी करते हुए उसने अपने लिए एक भव्य मकान भी बनवा लिया।

आज उसके मकान का ग्रह प्रवेश था। दिन भर उसके घर पर मित्रों और व्यापारियों की चहल-पहल लगी रही। यह सब देखकर मातादीन फूला नहीं समा रहा था उसकी खुशी का ठिकाना नहीं था। शाम को, जब सभी मेहमानों को बिदा कर वह आराम करने के लिए और अपने चारों ओर नजर दौड़ाई, जब कोई नहीं दिखाई दिया तो उसने एक आवाज लगाई, "कौन है?" और उसे एक आवाज सुनाई दी, "माता दीन, मैं तुम्हारी आत्मा हूॅ और अब मैं तुम्हारा यह शरीर छोड़कर जा रही हूॅ।"

सेठ मातादीन घबरा कर उठ खड़ा हुआ और बोला, "अरे, यह कैसे हो सकता है ? अपनी वर्षो की कड़ी मेहनत के बाद आज मेरा सपना पूरा हुआ है और मुझे यह दिन देखने को मिला है; अभी तो मेरे जीवन में खुशहाली की शुरुआत हई है, और तुम जाने की बात कर रही हो! तुम चली जाओगी तो मैं तो मर जाऊॅगा। मेरी करोंड़ों की सम्पत्ति और इस आलीशान मकान का क्या होगा? जीवन भर की कड़ी मेहनत से कमाई गयी अपनी इन सुख-सुविधाओं का उपभोग करने के दिन तो अभी शुरु हुए हैं।"

उत्तर में उसे सुनाई दिया, "यही बात तो तुम अब तक समझ नहीं पाये, तुम अपनी सम्पत्ति मकान आदि के चक्कर में इतना व्यस्त रहे कि तुम्हें मेरे घर का ध्यान ही नहीं रहा। मेरा घर तो स्वस्थ शरीर था जिसपर तुमने ध्यान नहीं दिया। आज तुम कितने रोंगो से घिरे बैठे हो, न ठीक से चल पाते हो, न मनचाहा खा पाते हो और न ठ़ी

ठीक से सो पाते हो। चेहरे पर हर समय तनाव झलकता रहता है।" "अब तुम ही बताओ मै ऐसे घर में कैसे रह सकती हूँ जो जर्जर हो चुका हो; न जाने कब दीवार गिर पड़े, छत टपक जाए।" और इतना कह कर वह आवाज शान्त हो गयी और उस कमरे में रह गया एक सन्नाटा और उसके बीच पलंग पर पड़ा एक निर्जीव शरीर, जिसे अब तक सेठ माता दीन के नाम से जाना जाता था।

यदि हम कभी अपने अन्दर झॉक कर देखें तो शायद वहॉ पर भी ऐसा ही एक माता दीन दिखाई देगा!! अपने किसी सपने को साकार करने की लगन में व्यस्त, एक काल्पनिक खुशी के पीछे दीवानों की तरह दौड़ता! और इस दौड़ में अपनी क्षमता एव शक्ति की अनदेखी कर, तनाव की चादर ओढ़े एक मुंगेरीलाल।। निःसंदेह, जीवन में उन्नति के लिए लक्ष्य निर्धारित कर उसे प्राप्त करने के लिए भरपूर प्रयास करना कदापि गलत नहीं कहा जा सकता, किन्तु इसके लिए कतिपय सीमाओं एवं प्रतिबंधों का भी निर्धारण होना चाहिए। इसके ठीक विपरीत, आज की वस्तुस्थिति यह है कि अपने सपनों को साकार करने की लगन में हम स्वयं को इतना मगन, इतना व्यस्त करते जा रहे हैं कि खुशहाल जीवन की प्राथमिक आवश्यकता, स्वास्थ्य के प्रति ध्यान देने के लिए हमारे पास जैसे समय ही नहीं बच पाता है; और अन्जाम होता है, "माया मिली न राम !!" हम स्वयं को न तो पूर्णतः स्वस्थ कह पाते हैं और न ही खुशहाल!! सच पूछिए तो इस मृगतृष्णा की भागम भाग में हमें यदि कुछ मिल रहा है, तो वह है मात्र 'तनाव,' 'टेन्शन,' 'स्ट्रेस'!!

जीवन की भाग-दौड़ में, जाने अनजाने, धीरे-धीरे मानसिक तनाव हमारे जीवन का एक हिस्सा बनता जा रहा है। अतिशयोक्ति न होगी यदि कहा जाये कि आज की तथाकथित 'आधुनिकता' की होड़ में शब्द 'टेन्शन' भी फैशन में आ गया है, एक स्टेट्स सिम्बल सा बनता

जा रहा है। मनुष्य की सक्रियता की निशानी, उसके बड़प्पन की निशानी ? जिसके माथे पर टेन्शन की लकीरें जितनी अधिक हों, मानो वह उतना ही महत्वपूर्ण व बड़ा व्यक्ति है !! आज शायद ही कोई बड़ा व्यक्ति ऐसा मिले जो कहे कि उसे किसी प्रकार की टेन्शन नहीं है। दुखद आश्चर्य की बात तो यह है कि मासूम बच्चे भी इस समस्या से अछूते नहीं हैं। कभी स्कूल के होम- वर्क की टेन्शन, तो कभी परीक्षा का तनावः ऐसा लगता है मानो उनके बचपन की मासूमियत इस तनाव या टेन्शन की ऑंधी में विलुप्त होती जा रही है। परिणाम, वे न तो खुल कर खेल पाते है और न ही एकाग्र होकर पढ़ पाते हैं। खेलते समय चिन्ता होम-वर्क पूरा करने की, और पढ़ते समय दिमाग खेल में !! इतना ही नहीं, तनाव का यह क्रम बचपन से जो शुरू होता है तो उम्र के साथ- बढ़ता ही जाता है, केवल कारण बदलते रहते हैं। इसी प्रकार स्कूल के बाद, युवा अवस्था में, पहले कालेज एडमीशन की टेन्शन, फिर नौकरी या व्यवसाय की तलाश का तनाव, फिर घर-परिवार का तनाव, आदि-आदि। एक अन्य रोचक सत्य यह है कि हर स्तर पर जैसे-तैसे काम तो सब होते जाते हैं, जीवन क्रम आगे बढ़ता जाता है परन्तु तनाव का यह सिलसिला बराबर बना ही रहता है। किसी भी स्तर पर यह तनाव हमारी किसी भी समस्या के समाधान में सहायक नहीं होता है, किन्तु फिर भी हम इसका दामन नहीं छोड़ते हैं। आखिर क्यो ? महान वैज्ञानिक, डेंस सलाई के अनुसार,

"आज मानसिक तनाव जीवन का हिस्सा बन गया है। आज ऐसे व्यक्ति की कल्पना असम्भव है जो मानसिक तनाव का अनुभव नहीं करता है।"

इसी प्रकार वाल्टर टेम्पिल ने भी मनुष्य के जीवन पर टिप्पणी करते हुए कहा है,

"मनुष्य रोते हुए पैदा होता है, शिकायत करते हुए जीता है और अन्ततः निराश होकर मर जाता है।"

तनाव के इन गंभीर परिणामों को देखते हुए इसकी तुलना दीमक से की जा सकती है! लकड़ी में जब दीमक लग जाती है तो उसे पूर्णतः नष्ट करके छोडती है। कुछ इसी प्रकार यदि हमारे जीवन में तनाव घर कर लेता है तो जीवन को नीरस व अस्तित्व हीन करके ही छोड़ता है!! तनाव न केवल लोगों को अस्वस्थ करता है बल्कि उनकी कार्य क्षमता को भी बुरी तरह प्रभावित करता है। लगता है आज भी अधिकांश लोग तनाव के दुष्परिणामों से पूर्णतः अवगत नहीं हैं और न ही उन परिस्थितियों के प्रति सजग हैं जो तनाव को जन्म देती हैं। आज यह अत्यन्त आवश्यक हो गया है कि हम अपने व्यस्त जीवन से कुछ समय निकाल कर इस गहन समस्या के संबंध में सोचें और जाने कि तनाव है क्या? क्यों होता है? तथा इससे बचने अथवा मुक्त होने का प्रयास करें।

- ***Kill tension before tension kills you. Live life before life leaves you.***
- ***वर्तमान की खुशियों का आनन्द उठायें ताकि आने वाली खुशियों को आघात न पहुँचे।***

...सेनेका

तनाव क्या है?

वस्तुतः तनाव या टेन्शन अपने आप में कोई रोग नहीं कहा जा सकता है और न ही अन्य रोगों की भांति यह किसी इन्फेक्शन (Infection) वायरस (Virus) या किन्हीं रोगाणुओं (Germs) से पैदा होता है। तनाव एक सामान्य मानसिक प्रतिक्रिया है जो संबंधित ब्यक्ति के जीवन से जुड़ी किन्हीं घटनाओं, परिस्थितियों अथवा व्यवहार के प्रति, जिन्हें हम पसंद नहीं करते अथवा जो मस्तिष्क को पर्याप्त आराम नहीं मिल पाता है तो हम अपने दिमाग पर निरन्तर एक दबाव

सा अनुभव करते हैं, बेैचनी, घुटन अथवा अवसाद की इस दशा को हम मानसिक तनाव या टेन्शन के नाम से व्यक्त करते हैं। अनुचित न होगा यदि तनाव या टेन्शन को हम मानसिक दीमक की संज्ञा दें।

एक ऐसा दीमक जो कालान्तर में धीरे-धीरे मनुष्य को अन्दर से खोखला या शक्ति विहीन कर देती है। जिस प्रकार छोटी सी दिखने वाली दीमक बड़े से बड़े ढाँचे को खोखला कर नष्ट करने की क्षमता रखती है, ठीक उसी प्रकार तनाव इस मानवीय ढाँचे को क्षतिग्रस्त करने की क्षमता रखता है। तनाव के कारण प्रायः हमारी मानसिक एकाग्रता भंग हो जाती है और जिससे मानसिक अथवा भौतिक असंतुलन की स्थिति भी उत्पन्न हो सकती है। चिकित्सकीय अध्ययन भी इस बात की पुष्टि करते हैं कि मानसिक दबाव की उक्त स्थिति में संबंधित ब्यक्ति की शारीरिक, मानसिक व मनोवैज्ञानिक कार्यप्रणाली असंतुलित हो जाती है और शरीर में कई हारमोन आवश्यकता से अधिक बढ़ जाते हैं, जिनमें एड्रीनलीन (Adrenalin) व कार्टीसोल (Cortisol) प्रमुख होते हैं। यदि मानसिक तनाव की यह स्थिति अधिक समय तक बनी रहती है तो कालान्तर में अनेक समस्याएँ अस्वस्थता के विभिन्न लक्षणों के रूप में दिखाई देने लगती है जिन्हें हम डिप्रेशन, डायबिटीज, ब्लड प्रेशर, अल्सर, मोटापा, त्वचा रोग इत्यादि के नाम से जानते हैं। सूत्र रूप में हम तनाव या स्ट्रेस की स्थिति को इस प्रकार व्यक्त कर सकते हैंः-

- भावनात्मक दबाव की स्थिति का निरन्तर बने रहना।
- वस्तुस्थिति को न समझ पाने की स्थिति का होना।
- किसी अप्रिय व्यवहार या परिस्थिति को बर्दाश्त न कर पाना।
- कार्य के क्षमता से अधिक होने के दबाव का परिणाम।
- भौतिक, मानसिक या भावनात्मक ऊर्जा तन्त्र का असंतुलन।
- विक्षिप्त मनोदशा की स्थिति का बने रहना।

मोटे तौर पर, मानसिक तनाव को दो श्रेणियों में विभाजित किया जा सकता हैः

अल्पकालिक तनाव (Acute stress) एवं,

दीर्घकालिक तनाव (Chronic stress)।

अल्पकालिक तनाव (Acute stress)

जैसा कि नाम से स्पष्ट है, इस श्रेणी का तनाव आकस्मिक एवं अल्प काल के लिए होता है अर्थात अचानक किसी घटना के हो जाने अथवा कोई बात या समाचार प्राप्त होने की प्रतिक्रिया के रूप में यह प्रभावी हो जाता है। समान्यतः इसका प्रभाव अधिक देर तक नहीं रहता है; स्थिति सामान्य हो जाने अथवा समस्या का समाधान हो जाने पर यह तनाव स्वतः समाप्त हो जाता है। उदाहरण स्वरूप, जब कहीं जाने के लिए ट्रेन पकड़नी हो तो प्रायः कुछ समय पूर्व से ही एक टेन्शन शुरू हो जाती है, सामान पैक करने की, स्टेशन पहुँचने की, टिकट लेने की, आदि-आदि, किन्तु ट्रेन में बैठ जाने के बाद यह स्वतः समाप्त हो जाती है। इस श्रेणी का तनाव कभी-कभी लाभदायक अथवा सकारात्मक फलदायक भी सिद्ध होता है। ऐसा उन प्रकरणों में होता है जब किसी समस्या के उठ खड़े होने पर मस्तिष्क तनावग्रस्त हो जाता है; ऐसे मे मानव मस्तिष्क की ग्रंथियॉ तीव्र गति से गतिमान हो जाती है और जिसके फलस्वरूप समस्या का समाधान जल्द निकल आता है।

दीर्घकालिक तनाव (Chronic stress)

कोई व्यक्ति दीर्घकालिक तनाव से ग्रस्त तब कहलाता है जब वह निरन्तर किसी छोटे-बड़े तनाव से घिरा रहता है, अथवा जब किसी समस्या से तनावग्रस्त होने पर वह उसका समाधान खोजने में स्वयं को असमर्थ अनुभव करता है और समस्या में उलझा रहता है, न तो वह तनाव को नियंत्रित कर पाता है और न ही उससे मुक्त होने का रास्ता दिखाई देता है।

अल्पकालिक तनाव की अपेक्षा इस श्रेणी का तनाव अधिक हानिकारक एवं घातक कहा जा सकता है। अध्ययन बताते हैं कि निरन्तर तनावग्रस्त रहना अनेक स्वास्थ्य समस्याओं को जन्म दे सकता है जो कि सामान्य शारीरिक कमजोरी, पाचन तन्त्र की कमजोरी, रोग प्रतिरोधक क्षमता (Immune system) की कमजोरी से लेकर ब्लड प्रेशर, हृदय रोग, मधुमेह अथवा कैंसर जैसे गंभीर रूप भी धारण कर सकती है।

- ***If stress is the villain, Humor is the super Hero.***

  ...Andrew Tarvin

- ***कैंसर को विश्व की सबसे भयानक बिमारी कहा जाता है, किन्तु तनाव कैंसर से भी ज्यादा खतरनाक होता है। कैंसर से प्रायः लोगों की मृत्यु हो जाती है, जबकि तनाव जीवित व्यक्ति को जिन्दा लाश बना सकता है।***

तनाव के लक्षण एवं परिणाम

जहॉ तक तनाव के लक्षणों का सवाल है, ये प्रत्यक्ष अथवा अप्रत्यक्ष रूप से संबंधित व्यक्ति के चेहरे अथवा व्यवहार में स्पष्ट देखे जा सकते हैं; क्योंकि तनाव एक मानसिक प्रतिक्रिया है अतः यह हमारे मस्तिष्क को प्रभावित करता है। हम जानते हैं कि हमारा मस्तिष्क ही हमारी समस्त इन्द्रियों का संचालक व नियंत्रक होता है, अतः मस्तिष्क के तनावग्रस्त होने पर इसके लक्षण, विभिन्न प्रकार से हमारे शरीर पर अथवा हमारे व्यवहार में लक्षित होने लगते हैं। कुछ प्रमुख लक्षण निम्नानुसार हो सकते हैं:-

भौतिक लक्षण

- शारीरिक पीड़ा;
- चक्कर आना अथवा जी मिचलाना;
- हृदय गति का अचानक बढ़ना/छाती में दर्द;
- पेट में दर्द अथवा हलचल होने लगना;
- अत्यधिक गर्मी या ठण्ड लगना;
- भाव विभोर हो जाना;
- बेचैनी अनुभव करना;

- नीरसता या अकेलापन अनुभव करना;
- प्रायः दुखी बने रहना।

व्यवहारिक लक्षण

- भूख न लगना या अत्यधिक भूख लगना;
- नीद न आना अथवा बहुत नीद आना;
- लोगो से दूर/अलग रहने का प्रयास करना;
- अपनी जिम्मेदारियों को अनदेखा करने लगना;
- मादक वस्तुओं का सेवन करना।

मानसिक लक्षण

- एकाग्रचित होने में असमर्थता अनुभव करना;
- कोई निर्णय लेने में असमर्थता अनुभव करना;
- स्मरण शक्ति में कमजोरी महसूस करना;
- निरन्तर चिन्ताग्रस्त बने रहने की प्रवृति होना;
- हर बात का नकारात्मक पक्ष देखना।

तनाव के परिणाम

सम्भव है कि मानसिक तनाव के उपरोक्त लक्षण तात्कालिक अथवा अल्पकालिक हों तथा निहित कारण अथवा समस्या के समाधान के पश्चात संबंधित व्यक्ति की स्थिति सामान्य हो जाये अर्थात तनाव मुक्त, किन्तु यदि ऐसा नहीं होता है, अथवा किन्हीं कारणों या परिस्थितियों वश तनाव की स्थिति बनी रहती है तो यह किसी न किसी रूप में संबंधित व्यक्ति के जीवन पर प्रतिकूल प्रभाव डाल सकती है। यह प्रभाव निम्नांकित में से किसी एक या अधिक प्रकार से देखा जा सकता है:-

(अ) कार्य क्षमता में कमीः निरन्तर तनाव ग्रस्त रहने की स्थिति व्यक्ति के मानसिक संतुलन पर प्रतिकूल प्रभाव डालती है फततः पीड़ित की विचार शक्ति प्रभावित होती है। सरल भाषा में, हम कह सकते हैं कि ऐसे में उसका मन किसी काम में नहीं लगता है, और जब काम में मन नहीं लगेगा तो उसकी कार्यक्षमता स्वतः कम हो ही जायेगी। इस प्रकार मानसिक तनाव के कारण छोटे से छोटा कार्य भी पहाड़ के समान लगने लगता है। व्यक्ति की यह भावना तनाव की आग में घी का काम करती है, कार्य के प्रति अरूचि उसके मानसिक दबाव को और बढ़ा देती है।

(ब) संतोष या खुशी का आभावः मानसिक तनाव हमारी संतुष्टि को भी प्रभावित करता है; हमारा कोई काम हो जाने पर भी हमें उसकी खुशी नहीं महसूस होती और काम कितना भी अच्छा क्यों न हो हमें संतोष नहीं होता है। कार्य की पूर्णता के बावजूद हमें उसमें भी कोई कमी या गलती दिखाई देती है। सरल भाषा में कह सकते हैं कि मन में खिन्नता एवं अरूचि का भाव निरन्तर बना रहता है। यह स्थिति हमारी खुशी की राह में बाधक बन जाती है।

(स) भावात्मक असंतुलनः प्रायः लगातार तनाव के कारण पीड़ित व्यक्ति का भावात्मक संतुलन बिगड़ जाता है। ब्यक्ति एक अनचाही सी उदासी एवं भावुकता से ग्रस्त रहता है तथा निरन्तर अपने अन्दर एक नीरसता अनुभव करता है। उसे किसी से बोलना, सुनना अथवा किसी विषय पर बात करना भी अच्छा नहीं लगता है। कहा जा सकता है कि ऐसे में वह एकान्तप्रिय हो जाता है, और ऐसी दशा में एकान्त नकारात्मक विचारों को जन्म देता है।

(द) व्यवहारिक दोषः चिड़चिड़ापन,तनाव का एक प्रमुख लक्षण होता है। प्रभावित व्यक्ति अपने ही परिजनों अथवा प्रियजनों से प्रायः बात-बात में उलझने लगता है और अनावश्यक विवाद, क्रोध अथवा

दुर्व्यवहार भी कर बैठता है। इतना ही नहीं, कई बार इसके बाद स्वयं अपने व्यवहार पर दुखी होकर अपने तनाव को और बढ़ा लेता है। कभी-कभी तनाव की यह स्थिति आत्महत्या अथवा हत्या की प्रेरक भी बन जाती है।

(य) स्वास्थ्य की हानिः टेन्शन की निरंतरता का कुप्रभाव धीरे-धीरे संबंधित व्यक्ति के शरीर पर भी दिखाई देने लगता है। प्राथमिक स्तर पर शरीर में आलस्य एवं थकान महसूस होती है जो कालान्तर में पीड़ा का रूप ले सकती है। कभी-कभी तनाव के कारण कब्ज अथवा दस्त की शिकायत भी शुरू हो जाती है। इसी प्रकार कुछ लोग सर दर्द, पेट दर्द अनिद्रा अथवा अतिनिद्रा जैसी अस्वस्थ दशाओं से पीड़ित होते भी देखे गये है।

(र) मानसिक स्वास्थ्यः तनाव या स्ट्रेस का गम्भीर दुष्प्रभाव संबंधित व्यक्ति के मस्तिष्क पर भी पड़ सकता है। ऐसी स्थिति में मानसिक असंतुलन की सम्भावना बढ़ जाती है एवं यह तनाव के कारणों एवं मात्र पर निर्भर करता है कि वह उसके मस्तिष्क को किस सीमा तक प्रभावित करते हैं। गंभीरतम स्थिति में यह पागलपन का रूप भी ले सकता है जिसके फलस्वरूप संबंधित व्यक्ति अनियन्त्रित व्यवहार अथवा अर्थहीन संवाद करने लगता है।

निरन्तर तनाव ग्रस्त रहना कालान्तर में अनेक गंभीर रोगों का कारण बन सकता है, जैसेः

- स्वांस रोग, जैसे अस्थमा (Asthama), ब्रोंकाइटिस (Bronchitis) आदि;
- स्मरण शक्ति संबंधी रोग;
- विक्षिप्त मनोदशा;
- रोग प्रतिरोधक क्षमता की हानि (loss of Immune system);

- न्यूरोलाजिकल समस्याएँ (Neurological problems), यथा माइग्रेन, सरदर्द आदि।

तनाव की मात्र एवं अवधि में अधिक बढ़ोत्तरी अन्य गम्भीर स्वास्थ्य समस्याओं जैसे मधुमेह, हार्ट अटैक या कैंसर आदि का कारण भी बन सकती है।

- ***Stress poisons your mind and makes you doubt your own capabilities.***

  ...Stephanie Beyer

- ***यदि आप सही हैं तो आपको गुस्सा होने की जरूरत नहीं है; और यदि आप गलत हैं, तो आपको गुस्सा होने का कोई हक़ नहीं.....***

तनाव क्यों होता है?

उक्त के परिपेक्ष्य में इस प्रश्न का उठना स्वाभाविक है कि ऐसी परिस्थितियाँ उत्पन्न ही क्यों होती है, जो तनाव को जन्म दे? अथवा वे कौन से प्रेरक तत्व हैं जो तनाव पैदा करते हैं ? इस क्रम में विस्तृत विवेचना से पहले एक बात सूत्र रूप में याद रखी जानी चाहिए कि तनाव का मूलभूत कारण होता है चिन्ता। चिन्ता करने का एक बुरा परिणाम यह है कि इससे हमारी एकाग्रता भंग हो जाती है। जब हम चिन्ता करते हैं तो हमारे मस्तिष्क में अनेक प्रश्न उठने लगते हैं और हमारा दिमाग विभिन्न दिशाओं में भटकने लगता है। यह स्थिति, हमारी निर्णय लेने की शक्ति को क्षीण कर देती है। फिर भले ही हम इस चिन्ता को विभिन्न रूप, कारकों अथवा क्षेत्रों पर आधारित कर व्यक्त करें। कहा भी गया है, ''चिन्ता चिता समान है'' और कदाचित इसे चिता से भी बद्तर कहा जाना चाहिए, क्योंकि चिता तो मात्र एक बार जला कर समाप्त कर देती है जब कि चिन्ता की आग में इंसान जीवन भर जलता रहता है। इसी क्रम में कई बार सुनने को मिलता है कि, यदि हम अपने कार्य अथवा जीवन के बारे में चिन्ता नहीं करेंगे तो प्रगति कैसे कर सकते हैं ? यह सोचना गलत नहीं है, मात्र अभिव्यक्ति का अंतर है। सार्थक, विवेक पूर्ण एवं सकारात्मक सोच को वस्तुतः चिन्तन कहा जाता है। निरर्थक एवं नकारात्मक सोच तो चिन्ता की श्रेणी में आती है और जिसका परिणाम

होता है मानसिक तनाव। निःसंदेह, चिन्तन एवं मनन ही हमारी उपलब्धियों का आधार होता है, किन्तु तभी तक जब यह सार्थक व सकारात्मक हो, यदि किसी विषम परिस्थिति में, हम उसके बुरे से बुरे परिणाम का सामना करने के लिए स्वयं को तैयार कर लें और उस स्थिति को मानसिक रूप से स्वीकार कर लें, तो चिन्ता स्वतः समाप्त हो जाती है और हममें पुनः एकाग्रता की शक्ति आ जाती है व हमारा तनाव समाप्त हो जाता है। तनाव पैदा करने वाले श्रोतों को, मोटे तौर पर तीन वर्गो में रखा जा सकता है, (अ) मानवीय श्रोत (Human source), (ब) कार्य आधारित श्रोत (work based source), (स) अन्य व्यवहारिक श्रोत (Other practical source)।

(अ) मानवीय श्रोतः

❍ हम स्वयंः

स्वयं की अथवा किसी प्रियजन के अस्वस्थ होने एवं तत्संबंधी उपचार व्यवस्था की चिन्ता ;

किसी कार्य के असफल होने की सम्भावना का विचार ;

किसी कार्य अथवा व्यवहार का नियंत्रण के बाहर प्रतीत होना;

अपने स्वाभिमान पर ठेस लगना ;

अप्रत्याशित स्थिति या किसी अप्रिय घटना का हो जाना ;

नकारात्मक विचारधारा या चिन्ता से ग्रस्त रहना ;

निरंतर उदासीनता अथवा अनिश्चितता की स्थिति का बने रहना।

❍ हमारा परिवारः

विभिन्न पारिवारिक समस्याओं में उलझा रहना;

आर्थिक समस्याओं से ग्रस्त हो जाना ;

किसी भौतिक, आर्थिक अथवा शारीरिक क्षति का होना ;

पारिवारिक दायित्वों का समुचित निर्वाह न कर पाना।

○ हमारा समाजः

आस-पास का सामाजिक वातावरण अनुकूल न होना;

मित्रों अथवा रिश्तेदारों द्वारा किया गया अप्रिय व्यवहार;

समाज में समुचित सम्मान न मिलना या अपमानित किया जाना;

किसी सामाजिक विवाद या झगड़े में फंस जाना;

हीन भावना अथवा संकोच से ग्रस्त होना कि लोग क्या कहेंगे।

(ब) कार्य आधारित श्रोत :

○ कार्यालय/व्यवसाय :

कार्यभार का क्षमता से अधिक हो जाना;

व्यवसाय का सुचारू रूप से न चल पाना;

सहकर्मियों का व्यवहार अच्छा न लगना;

कार्य में कोई गंभीर त्रुटि या व्यवसाय में हानि हो जाना।

○ विद्यालय(बच्चों के लिए) :

पढ़ाई में पिछड़ जाने का भय;

सहपाठियों के साथ ताल-मेल न हो पाना;

शिक्षण व्यवस्था संतोषजनक न होना।

○ सार्वजनिक स्थल :

अचानक दुर्घटनाग्रस्त हो जाना;

स्टेशन पहुँचने पर ट्रेन छूट जाना;

किसी सार्वजनिक स्थान पर जेब कट जाना।

(स) अन्य व्यवहारिक श्रोत

मानसिक तनाव के मानवीय एवं कार्य आधारित श्रोतों के अतिरिक्त कुछ श्रोत हमारे स्वभाव अथवा परिस्थिति जनित भी होते हैं, जिनके लिए हम किसी अन्य व्यक्ति को दोषी नहीं ठहरा सकते, जैसे ;

- **आदतेः** प्रायः व्यक्ति की बुरी आदत ही किसी-न-किसी रूप में उसके तनाव का कारण बन जाती है; जैसे, उधार लेने, अपव्यय करने, जुआ खेलने, नशा करने, क्रोध करने आदि की आदत।
- **आचरणः** मनुष्य का आचरण ही उसके सामाजिक व्यक्तित्व को बनाता अथवा बिगाड़ता है। अनुचित आचरण समाज में विवाद अथवा झगड़े का कारण बन सकता है एवं जिससे टेन्शन का होना स्वाभाविक कहा जा सकता है।
- **निराशाः** कहते हैं हमारा जीवन आशा-निराशा की डोर से बुना होता है, जहां आशा हमें उत्साह व जोश देकर आगे बढ़ाती है वहीं निराशा हमें निरन्तर पीछे की ओर खींचते हुए निष्क्रिय एवं शिथिल करती है। इस स्थिति से मन में नकारात्मक विचारों का आना शुरू हो जाता है जो कालान्तर में तनाव का रूप ले लेता है।
- **जीवन शैलीः** हर मनुष्य की जीवन शैली अर्थात उसके रहन-सहन का अंदाज व शौक अलग-अलग होते हैं जिन्हें वह अपनी खुशी के लिए ही करता है। किन्तु समय के साथ इनमें परिवर्तन जरूरी हो जाता है और उचित यह होता है कि हम समय एवं परिस्थिति के अनुसार इनमें सामंजस्य बनाए रखें। ऐसा न करने पर हमें अपना जीवन अव्यवस्थित लगने लगेगा, जो हमारे तनाव का कारण बन सकता है।

- **विवाद/झगड़ेः** पारिवारिक अथवा सामाजिक माहौल में प्रायः छोटी-छोटी बातों पर विवाद हो जाना एक सामान्य बात है। किन्तु इन्हें गंभीर रूप देने और दिल से लगा लेने पर यह हमारे दिमाग में असंतुलन पैदा कर देते हैं जो एक अनावश्यक टेन्शन का रूप ले सकता है।

- ***Stress is caused by being 'Here' but wanting to be 'There'.***
- ***तनाव वह नहीं जो हमारे साथ होता है, उसके प्रति प्रतिक्रिया है; और प्रतिक्रिया का चुनाव हमारे हाथ में ही होता है!!***

...Maureen Killorau

तनाव से बचाव

कहते हैं आग लगने पर कूआं नहीं खोदा जाता, यदि हम समय रहते किसी होने वाले कष्ट या असुविधा के प्रति सतर्क हो सकें तो हम न केवल विपरीत परिस्थितियों से ही बच जायेंगे बल्कि हम अपने जीवन का भरपूर आनन्द लेने में भी समर्थ हो सकेंगे। मानसिक तनाव अन्य बीमारियों की तरह कोई ऐसा रोग नहीं है जिसका उपचार मात्र दवाओं से किया जा सके, वस्तुतः यह हमारी सोच एवं नकारात्मक विचारधारा का प्रतिफल होता है जिसके कारण संबंधित व्यक्ति को निरन्तर मानसिक दबाव, उलझन अथवा स्ट्रेस के कष्टदायी दौर से गुजरना पड़ता है।

अतः हम उन कारणों के प्रति समय रहते सजग हो जाएं, जो तनाव को जन्म देते हैं, अथवा उन परिस्थितियों से स्वयं को दूर रखने का प्रयास करें जो तनाव पैदा कर सकती हैं, तो हम मानसिक तनाव से बच सकते हैं। यह जरूरी नहीं कि हमारे तनाव का कारण किसी का गलत व्यवहार या बुरी बातें ही हों, प्रायः हमें स्वयं अपनी गल्तियों या गलत आदतों के कारण तनाव की स्थिति से गुजरना पड़ता है। अतः तनाव से बचने के लिए सर्वप्रथम हमें स्वयं सतर्क, सचेत व सजग होना पड़ेगा। इस दिशा में कुछ सरल एवं व्यवहारिक उपाय निम्नानुसार आजमाये जा सकते हैं।

(1) व्यक्तिगत प्रयास

(i) समय-बद्धता : नौकरी-पेशा लोगों में तनाव का एक सामान्य कारण बन जाता है उनका विलम्ब से कार्यालय पहुँचना और इसपर उनके बॉस की प्रतिक्रिया। जिससे न केवल मूड ही खराब हो जाता है बल्कि निरन्तर एक सोच का मानसिक दबाव बन जाता है। इसी प्रकार, इस आदत के चलते प्रायः जरूरी मीटिंग में भी समय से न पहुँच पाने पर एक संकोच व एवं शर्म की स्थिति से गुजरना पड़ता है, जो तनाव का कारण बनाता है। इस स्थिति से बचने का उपाय सोचने से पहले यह विचार करना आवश्यक हो जाता है कि यह विलम्ब क्यों हो जाता है, और क्या इसके कारण अपरिहार्य (Unavoidable) हैं? इस संदर्भ में एक महत्वपूर्ण सूत्र (Important formula) कहा जाएगा, अपने समस्त कार्यो को एक वरियता-क्रम (priority-order) प्रदान करना। कई बार हम घर के उन छोटे-मोटे कार्यो को सुबह-सबेरे हाथ में ले बैठते हैं जिनकी कोई तात्कालिक आवश्यकता (immediate need) नहीं होती है, या जिन्हें बाद में भी किया जा सकता था। इसे मानवीय प्रवृत्ति ही कहा जाना चाहिए, कि किसी कार्य में लग जाने पर प्रायः समय का अंदाजा ही नहीं रहता, और अन्य कार्यो में बिलम्ब हो जाता है। यदि कोई अत्यावश्यक काम अचानक आ ही पड़े व जिसे तत्काल किया जाना अपेक्षित हो, तो ससमय इसकी सूचना अपने बॉस अथवा सम्बन्धित अधिकारी को देकर आप विलम्ब की चिन्ता तथा उससे जनित तनाव से बच सकते हैं। उपरोक्त उपाय असंभव अथवा अव्यवहारिक नहीं है, बस जरूरत है मात्र एक संकल्प की। संकल्प, प्रातः जल्दी उठने का एवं उठकर अपने समस्त कार्यों को एक वरियता-क्रम में करने का और समय को समुचित महत्व देने का। धीरे-धीरे यह संकल्प आपकी आदत का रूप ले लेगा और इस प्रकार आप न केवल अपने कार्यालय अथवा मीटिंग

में विलम्ब से पहुँचने के कारण होने वाली शर्मिन्दगी एवं उससे होने वाली तनाव पूर्ण स्थिति से बच जायेंगे, अपितु अपना कार्य भी पूरी लगन एवं ध्यान से कर पायेंगे।

(ii) सकारात्मक विचारधारा: अपने जीवन में सकारात्मक विचारधारा एवं आशावादी दृष्टिकोण अपनाएँ। इस प्रकार व्यर्थ की चिन्ता एवं निराशा आप से सदैव दूर ही रहेगी। किसी विषय अथवा किसी कार्य के संदर्भ में हमारे द्वारा की जाने वाली काल्पनिक सम्भावनायें, विशेषकर नकारात्मक संभावनाओं की कल्पना मानसिक तनाव का एक प्रमुख कारण कही जा सकती है। अपने किसी प्रिय जन के संदर्भ में किसी अप्रिय घटना अथवा अनिष्ट की संभावना, किसी के द्वारा दुर्व्यवहार किए जाने का भय, किसी कार्य में असफलता की चिन्ता आदि सब ऐसी बातें हैं जिनका यद्यपि कोई आधार नहीं होता फिर भी यह मनुष्य को तनावग्रस्त स्थिति में धकेल देती है, और इनका एक मात्र कारण है, हमारी नकारात्मक सोच!! इस निराधार नकारात्मक सोच के परिणाम कितने गम्भीर हो सकते हैं इसका अनुमान शायद अधिकांश लोगों को नहीं होता है। इसी संदर्भ में एक रोचक एवं अर्थपूर्ण कहानी याद आ गयी, जो कभी अपने बचपन में सुना करते थे;

एक फकीर किसी गॉव से गुजर रहा था, भूख लगने पर उसने एक गॉव वासी से भोजन के लिए आग्रह किया। उस व्यक्ति ने इसे एक नेक काम मानते हुए उस फकीर को अपने घर पर भर-पेट भोजन कराया। भोजन करने के बाद फकीर पुनः अपनी यात्रा पर निकल गया। फकीर के जाने के कुछ समय बाद अचानक उस व्यक्ति ने देखा कि खीर की हॅडिया में छिपकली गिरी पड़ी है। यह देख कर वह घबरा गया और सोचने लगा कि अब क्या होगा? यह खीर तो जहरीली हो गयी है और इसके कारण वह फकीर मर भी सकता है। यदि ऐसा हुआ तो उसका नेक काम एक घोर पाप बन जायेगा। इस

बात से वह इतना भयभीत व चिन्ताग्रस्त हो गया कि उसकी तबीयत खराब हो गयी और दिन-व-दिन बिगड़ने लग गयी। खराब स्वास्थ्य और मानसिक तनाव के कारण उसे कुछ अच्छा नहीं लग रहा था। लगभग एक सप्ताह के बाद वह फकीर पुनः उस गॉव में आया और उस व्यक्ति के घर के सामने से गुजर रहा था कि उस व्यक्ति की निगाह उस पर पड़ी; पहले तो उसे लगा कि यह उसकी सोच का प्रतिफल है और उसकी ऑखें धोखा खा रही है। फिर भी वह उसके निकट गया और कौतूहलवश पूछ बैठा, "अरे, बाबा जी आप जिन्दा हैं?" फकीर कुछ समझा नहीं और पूछा कि वह ऐसा क्यों कह रहा है। इस पर उस व्यक्ति ने पूरा वृतान्त कह सुनाया। जहरीली खीर की बात सुनते ही फकीर के चेहरे के भाव बदलने लगे मौत के सम्भावित भय के कारण उसे चक्कर आने लगे। इस नकारात्मक सोच ने जैसे उसके इस प्रत्यक्ष सत्य को भी भुला दिया कि वह बिलकुल स्वस्थ्य एवं सामान्य है। इस चिन्ता मिश्रित भय के कारण वह गिर कर बेहोश हो गया।

देखा आपने, नकारात्मक सोच किस हद तक घातक सिद्ध हो सकती है; नकारात्मक सोच को सकारात्मक स्वरूप कैसे दिया जा सकता है, यह इस दृष्टान्त से स्पष्ट होता है:-

एक सुप्रसिद्ध लेखक अपने कक्ष में मायूस बैठा अपनी डायरी में कुछ लिख रहा था, उसकी पत्नी चुप-चाप आकर उसके पीछे खड़ी हो गयी और पति का लिखा पढ़ने लगी।

लेखक ने लिखा थाः

- मेरा पिछला साल काफी खराब बीता, अपने गाल-ब्लैडर की सर्जरी के कारण काफी समय तक मुझे बिस्तर पर रहना पड़ा।

- इसी वर्ष मुझे, मेरे पिताजी की मृत्यु का शोक भी हुआ।
- इसी वर्ष 60 वर्ष की आयु प्राप्त कर अपनी 30 साल पुरानी नौकरी से रिटायर हो कर मुझे घर बैठना पड़ा।
- पिछले साल ही मेरा बेटा मेडिकल की परीक्षा में फेल हो गया क्योंकि कार एक्सीडेन्ट के कारण उसे काफी समय तक अस्पताल में रहना पड़ा था, और कार की टूट-फूट का जो नुकसान हुआ सो अलग।

- इस प्रकार यह वर्ष काफी दुर्भाग्यपूर्ण रहा, शायद मेरे ग्रह-नक्षत्र ही ठीक नहीं हैं।

अपने पति का लिखा पढ़कर पत्नी लौट गयी और कुछ देर बाद पुनः वापस आकर लेखक की डायरी के बराबर में एक कागज रख दिया जिस पर इस प्रकार लिखा था;

- पिछले साल अन्ततः मुझे उस गाल-ब्लैडर से छुटकारा मिल गया जिसके कारण मैने कई वर्ष पीड़ा व कष्ट में गुजारे थे।

- इसी वर्ष मेरे पिता जी, 95 वर्ष की आयु पूर्ण कर, बिना किसी कष्ट अथवा बीमारी के, स्वर्ग सिधार गए, ईश्वर उनकी आत्मा को शान्ति प्रदान करे।
- पिछले साल ही मै 60 वर्ष की आयु पूर्ण कर रिटायर हो गया और नौकरी के बंधन से मुक्त हुआ। अब मैं अपने पूरे समय का उपयोग अपनी इच्छानुसार लेखन आदि में करने के लिए स्वतंत्र हूॅ।
- इस वर्ष हमारे पुत्र पर ईश्वर की विशेष कृपा रही कि कार एक्सीडेन्ट के बावजूद हमारा बेटा सुरक्षित बच गया।

  इस प्रकार ईश्वर की कृपा से हमारा पिछला साल काफी अच्छा व सौभाग्यपूर्ण रहा।

  अपनी पत्नी के सकारात्मक विचारों को पढ़ कर लेखक की मायूसी हवा हो गयी और उसकी ऑखें खुशी से चमक उठीं।

(iii) सफलता की प्रथम सीढ़ीः तनाव पैदा करने वाले कारणों में एक है, असफलता। मनुष्य के जीवन में सफलता-असफलता का सिलसिला उसी दिन आरम्भ हो जाता है जब बच्चा होश सम्भालता है। या, कहा जा सकता है कि, जब से वह किसी कार्य के लिए प्रयास करना शुरू करता है। इस क्रम में जहॉ उस प्रयास की सफलता उसे खुशी प्रदान करती है, वहीं असफलता, चिन्ता और तनाव को जन्म देती है। एक अन्य सत्य यह है कि असफलता से ज्यादा, असफलता की चिन्ता अथवा भय तनाव कारक होते हैं, जब कि यह मात्र एक नकारात्मक सोच होती है। किसी कार्य अथवा प्रयास में असफल हो जाने पर दुख तो हो सकता है परन्तु अधिकांशतः तनाव, असफल हो जाने की सोच से ही होता है। "असफल हो गया तो क्या होगा?", लोग क्या कहेंगे या सोचेंग?", "मैं क्या जवाब दूॅगा/दूॅगी?"

जैसे अनेक प्रश्न मन ही मन इस तनाव की अग्नि में घी का काम करते हैं।

वस्तुतः, असफलता हमारे सपनों अथवा प्रयासों का अन्त नहीं होती है बल्कि उनकी शुरूआत होती है। यह सर्वमान्य सत्य है कि कोई भी मनुष्य पूर्ण नहीं होता है, अतः त्रुटि की संभावना से इंकार नहीं किया जा सकता। इतिहास गवाह है कि मनुष्य सदैव अपनी त्रुटियों से ही सीखता व प्रगति करता आया है। इसी लिए असफलता को सफलता की प्रथम सीढ़ी कहा गया है। यदि हमारे वैज्ञानिक अपने असफल प्रयासों से हार कर बैठ जाते तो शायद आज की अधिकांश चमत्कारिक सुविधाएं हमें देखने को न मिलतीं।

यदि इन तथ्यों को हम अपने मन-मस्तिष्क में स्थान दे दें और उन्हें अपनी सोच में शामिल कर लें, तो दावे के साथ कहा जा सकता है कि भविष्य में कोई असफलता या असफलता का विचार आपको विचलित नहीं कर पायेगा और न ही आपके लिए मानसिक तनाव का कारण बन पायेगा। तो आइए, आज ही संकल्प करें कि अब हम अपने किसी भी क्षेत्र अथवा कार्य मे असफलता के विषय में सोचेंगे ही नहीं !! अपनी असफलताओं से निराश अथवा दुखी न हों; उन्हें अपनी सफलता की मार्गदर्शक सीढ़ी के रूप में स्वीकार करें एवं नवीन उत्साह के साथ पुनः प्रयास करें।

(iv) आज में जीना सीखें: सामान्यतः अधिकांश लोगों की एक आदत होती है बीते समय कि भली-बुरी बातों को निरन्तर याद करते रहना, और यही आदत उनके लिए मानसिक तनाव का एक प्रमुख कारण बन जाती है। यह भली-भाँति जानते व समझते हुए भी कि बीते समय में हमारे जीवन में जो भी घटना, हानि या अनिष्ट हुआ था, वह हो चुका है, हम उसे भुगत चुके हैं; फिर भी न जाने क्यों हम उन दुखद व बुरी यादों की चादर अपने ऊपर इस कदर ओढ़ते व

लिपटाते रहते हैं कि हमें अपना वर्तमान भी मानो दिखना बन्द हो जाता है! इसलिए, तनाव से बचाव का सर्वोत्तम उपाय है, बीते कल व आने वाले कल की चिन्ता छोड़कर अपने आज में जीने का अभ्यास करें, अपनी वर्तमान उपलब्धियों में खुश एवं संतुष्ट रहने की आदत बनायें। इस सिद्धान्त को विश्व प्रसिद्ध जान्स हापकिन्स स्कूल आफ मेडिसन के संस्थापक एवं आक्सफोर्ड के रेजियस प्रोफेसर डा. सर विलियम आस्लर ने अत्यंत प्रभावी ढंग से समझाने का प्रयास किया है। डॉ. आस्लर एक बार समुद्री जहाज से अटलांटिक महासागर पार कर रहे थे। जहाज के कप्तान ने एक बटन दबाया और जहाज के हिस्से एक दूसरे से अलग हो गये - अर्थात वाटर टाईट कम्पार्टमेन्ट बन गये। उक्त का संदर्भ देते हुए डॉ. आस्लर ने अपने विद्यार्थियों को संबोधित करते हुए कहा, "आप सब इस जहाज से अधिक अद्भुत रचना हैं और इससे भी अधिक लम्बी यात्रा पर जा रहे हैं। मेरा आग्रह है कि आप इस मशीन को नियंत्रित करना सीख लें और जान लें कि 'डे टाइट कम्पार्टमेन्ट' में रहना ही सुरक्षित यात्रा करने का सबसे अच्छा तरीका है। एक बटन दबाइये और अपने जीवन के हर स्तर पर सुनिये कि लोहे के दरवाजे आपके अतीत का दरवाजा बन्द कर रहे है, जिनमें मरे हुए कल दफन हैं। दूसरा बटन दबाइये और लोहे के दरवाजों से भविष्य को बन्द कर दीजिये- जिसमें वह कल है जो अभी पैदा नहीं हुआ। अब आप आज के लिए सुरक्षित हैं।"

गुजरे हुए कल का दरवाजा बन्द कर दीजिये क्यों कि इस रास्ते पर चल कर अनेक मूर्ख लोग मौत के मुह में समा गये हैं। आने वाले कल के बोझ को अगर गुजरे हुए कल के बोझ के साथ आज के दिन उठाया जाय तो शक्तिशाली से शक्तिशाली आदमी भी लड़खड़ा जायेगा। आपका भविष्य आज है कल कभी नहीं आयेगा।

ऊर्जा की बरबादी, मानसिक तनाव, भावनात्मक चिन्तायें उस आदमी

के कदमों का पीछा करती हैं, जो भविष्य की चिन्ता करता है। इसलिए उन सभी दीवारों को बन्द कर दीजिये जो बीत चुकी हैं या आगे आने वाली हैं, और डे टाइट कम्पार्टमेन्ट में जीवन जीने की आदत डालने के लिए तैयार हो जाइये।

(v) अल्प-विरामः हमारे दैनिक जीवन में तनाव की प्रेरक परिस्थितयों में से एक होती है थकान। प्रायः थकान के कारण संबंधित व्यक्ति का स्वभाव चिड़चिड़ा हो जाता है, जो उसके साथ ही साथ परिवार के अन्य सदस्यों के लिए भी तनाव का कारण बनता है। हम सब, या हम में से अधिकांश, किसी न किसी व्यवसाय से जुड़े हैं और यह व्यवसाय हमारी दिनचर्या का एक बड़ा एवं महत्वपूर्ण भाग होता है। व्यवसाय कुछ भी हो उसमें श्रम तो करना ही पड़ता है, फिर चाहे वह मानसिक श्रम हो, शारीरिक श्रम हो अथवा संयुक्त। इस श्रम से जहां एक ओर हमें व्यावसायिक उपलब्धियों की खुशी मिलती है वहीं दूसरी ओर दिन भर श्रम के बाद थकान का अनुभव स्वभाविक हो है। वस्तुतः हमारा शरीर और मन, एक ही सिक्के के दो पहलू होते हैं; यदि कार्य करते करते आपका दिमाग थक गया हो तो आपका शरीर स्वतः सुस्त व ढीला पड़ने लगेगा और इसके ठीक विपरीत, जब शारीरिक श्रम के कारण आप थकान महसूस करते हैं तो उस समय आपका दिमाग कुछ भी सोचने, समझने अथवा करने से साफ इन्कार करने लगता है। सिद्धान्ततः, शक्ति क्षय के बाद शक्ति संचय एक अपरिहार्य आवश्यकता बन जाती है। यदि शक्ति-क्षय का मूल कारण श्रम है तो शक्ति-संचय का सर्वोत्तम उपाय विश्राम होता है। थकान के बावजूद कार्य करते रहना अथवा करने का प्रयास करना एक गम्भीर भूल कहा जायेगा। थकान के कारण शारीरिक व मानसिक शक्ति लगभग क्षीण हो जाती है, अतः ऐसी दशा में किये जाने वाले कार्यो में त्रुटि की सम्भावना बढ़ जाती है, और जो अन्ततः हमारे लिये तनाव का कारण बन जाती है।

इस थकान के कारण होने वाले तनाव से बचाव के लिए, सर्व प्रथम तो प्रयास यह होना चाहिए कि किसी भी कार्य को निरन्तर करते रहने के स्थान पर, बीच-बीच में अल्प विराम (short break) देते रहें। यदि यह कार्य मानसिक है तो इस विराम काल में अपने ध्यान को विकेन्द्रित (divert) करने का प्रयास करें; यदि आप अपने कार्यालय में हैं तो कुछ देर के लिए अपने स्थान से उठ कर किसी अन्य सहकर्मी के पास जा कर बात-चीत कर लें, अथवा अपने घर फोन लगा कर बात कर लें। इस प्रकार आपके दिमाग की थकान कुछ कम हो जायेगी और आप पुनः अपना काम जारी रखने के लिये तैयार हो जायेंगे।

इसी प्रकार, शारीरिक श्रम के मामले में; यदि आपका कार्य खड़े रहकर करने का है तो इस अल्प-विराम (short break) में कुछ देर के लिये किसी सुविधाजनक स्थान पर बैठ जायें। यदि काम बैठ कर करने का है तो इस break में उठ कर जरा टहल लें अथवा अपनी कुर्सी पर पीठ पीछे टिका कर बैठ जायें, या फिर अपनी मुद्रा (posture) बदल कर बैठें, इस प्रकार शरीर की निरन्तरता भंग होने से थकान में राहत होगी। इस प्रक्रिया से, दिन भर के काम के बाद शाम को आप अपेक्षाकृत कम थकान महसूस करेंगे और तनाव की सम्भावना भी क्षीण हो जायेगी।

(vi) बालू-घड़ी बनें: यदि आपके समक्ष एक से अधिक कार्य लम्बित पड़े हों तो उन्हें बोझ समझ कर परेशान अथवा चिन्तित होने के बजाय उन्हें वरीयता क्रम में सूचीबद्ध कर लें और एक-एक करके उन्हें करें। किसी एक कार्य को करते समय अन्य कार्यों के विषय में बिल्कुल न सोचें। सेना के इन्फेन्ट्री डिविजन के एक नान-कमीशन्ड अफसर, टेड बेंजरमिनो

ने अपनी आप बीती लिखते हुए बताया है कि किस प्रकार वे चिन्ता की मार से गम्भीर रूप से बीमार हो गये थे एवं इस स्थिति से एक डाक्टर के कुछ शब्दों ने वह जादुई प्रभाव दिखाया जो शायद कोई दवा भी नहीं कर सकती थी। टेड बेंजरमिनो लिखते हैं, ''अप्रैल 1945 में मैने तब तक चिन्ता की, जब तक मैं बीमार नहीं हो गया। डाक्टरों के अनुसार मुझे 'स्पैस्मोदिक ट्रासवर्स कोलोन' बीमारी थी, जिसमें बहुत तेज दर्द होता था। अगर युद्ध उस समय खत्म नहीं होता, तो मुझे विश्वास है कि मैं शारीरिक रूप से पूरी तरह टूट गया होता और ब्रेकडाउन का शिकार हो गया होता।

मैं इस डर के मारे लगातार चिन्तित रहता था कि कहीं अपने कार्य में, मुझसे कोई गम्भीर और परेशान करने वाली गलती न हो जाये। मैं चिन्तित था कि क्या मैं इन सब से सकुशल बाहर आ पाऊँगा, मैं चिन्तित था कि क्या मैं अपने सोलह महीने के इकलौते बेटे को गोद में लेने के लिए जिन्दा बच पाऊँगा, जिसे मैने अभी तक देखा भी नहीं है। मैं इतना चिन्तित और थका हुआ था कि मेरा वजन चौंतीस पौण्ड कम हो गया। मैं इतना उत्तेजित था कि लगभग पागल हो गया। मैं इस विचार से आतंकित था कि मैं शारीरिक रूप से बर्बाद हालत में घर लौटूँगा। मैं इतना हिल चुका था कि जब अकेला होता था तो हर बार मेरी आंखों में आंसू उमड़ पड़ते थे। मैने यह आशा ही छोड़ दी थी कि मैं दोबारा कभी सामान्य इंसान बन सकता हूँ।

अन्त में मैं सेना के अस्पताल में भर्ती हो गया। सेना के डाक्टर ने मुझे एक ऐसी सलाह दी, जिसने मेरे जीवन को पूरी तरह बदल दिया। मेरी जांच करने के बाद उन्होंनें मुझे बताया कि मेरी परेशानी मानसिक थी। उन्होंनें कहा,''टेड, मैं चाहता हूँ कि तुम यह मान लो कि तुम्हारा जीवन एक बालू-घड़ी की तरह है। तुम्हें मालूम है कि

बालू-घड़ी के ऊपरी हिस्से में बालू के हजारों कण होते हैं, और वे सब धीरे-धीरे, समान गति से बीच की संकरी गर्दन से गुजरते हैं। चाहे आप या मैं कुछ भी कर लें, बालू-घड़ी को नुकसान पहुँचाये बिना हम इस संकरी गर्दन से एक बार में बालू के एक कण से अधिक को पार नहीं करा सकते। आप, मैं और हर इंसान इस बालू-घड़ी के समान है। जब हम सुबह उठते हैं तो हमें लगता है कि हमें एक दिन में सैकड़ों काम निपटाने हैं। परन्तु यदि हम एक बार में एक काम नहीं करेंगे और उन कामों को बालू-घड़ी की संकरी गर्दन की तरह धीरे-धीरे तथा एक समान गति से दिन में नहीं गुजरने देंगे, तो यह बात तय है कि हम अपने शारीरिक या मानसिक ढांचे को तोड़ लेंगे।

(vii) सोच को विराम दें: कुछ लोगों की आदत होती है कि अपने कार्यालय/व्यवसाय पर दिन भर काम करने के बाद शाम को जब अपने घर लौटते हैं तो ऐसा लगता है जैसे अपना दिमाग या मन वहीं छोड़ आते हैं। घर पहुँच कर भी कार्यालय के बारे में सोच, या व्यवसाय की चिन्ता में डूबे रहते हैं। यह आदत खराब होने के साथ ही साथ स्वास्थ्य के लिए हानिकारक भी होती है। एक ओर जहॉ उनकी यह निरन्तर सोच व चिन्ता, धीरे-धीरे मानसिक तनाव का रूप लेने लगते हैं, वहीं ऐसा व्यक्ति अपने परिवार के साथ रहते हुए भी दिन-ब-दिन स्वयं को कुछ अकेला व एकांत प्रिय अनुभव करने लगता है। उसकी इस प्रवृत्ति के कारण विभिन्न पारिवारिक समस्याएँ और विवाद उसे घेरने लगते हैं जिसके फलस्वरूप उसका मानसिक तनाव और अधिक बढ़ सकता है।

कहने की आवश्यकता नहीं रह जाती कि समय रहते इस आदत में बदलाव अत्यन्त आवश्यक हो जाता है। इसके लिए प्रयास तो यह होना चाहिए कि घर लौटने पर दिनभर के कार्यो एवं समस्याओं के

बारे में कदापि न सोचा जाये। इसका सरल उपाय है कि अपना ध्यान उन बातों से हटा कर, अपनी रूचि के अनुसार अन्य कार्यो में लगायें यथा, मधुर गीत-संगीत सुनें, टी.वी. पर मनोरंजक कार्यक्रम देखें, रूचिकर पत्र-पत्रिकाएँ पढ़ें, बागवानी में समय व्यतीत करें तथा कुछ समय अपने परिवार के सदस्यों के साथ बैठें। मानव मस्तिष्क की एक खास बात यह होती है कि वह एक समय में एक से अधिक विषयों पर न तो सोच सकता है और न ही एक समय में दो या अधिक कार्य कर सकता है।जब हम अपना ध्यान किसी रूचिकर अथवा मनोरंजक कार्य में लगाते हैं तो अन्य चिन्ता जनक सोच या बातों से हमारा ध्यान स्वतः हट जाता है और हम संभावित तनाव की स्थिति से बच जाते हैं।

(viii) बीती ताहि बिसार देः मानसिक तनाव का एक अन्य छोटा सा आम कारण होता है, बीती हुई घटनाओं, बातों, विवादों आदि को निरन्तर याद करते रहना एवं उनका मंथन अथवा विश्लेषण करने का प्रयास करना, या किन्हीं वर्तमान समस्याओं के सम्बन्ध में मन ही मन सोचते रहना। यह कारण छोटा इसलिये कहा गया है कि ऐसी बातें अधिक महत्वपूर्ण नहीं होती फिर भी यह अधिकांश लोगों की आदत में सम्मिलित होती है, अतः एक आम कारण कहा जा सकता है। इस प्रकार की निरन्तर एवं निरर्थक सोच को मानसिक शक्ति का दुरूपयोग कहा जाना अनुचित न होगा। जरा सोचिये, इस सोच का हमें क्या लाभ मिलने वाला है, अथवा मिल सकता है? शायद कुछ भी नही। बीती बातें या घटनाये। तो बीते कल के साथ दफन हो चुकी हैं, अतः उनके संबंध में अब किसी भी प्रतिक्रिया से कोई लाभ नहीं होने वाला, अलबत्ता सोच-सोच कर हम अपने मन को भारी कर उसे थका रहे हैं, जिसे हम मानसिक तनाव का पर्याय भी कह सकते हैं।

समस्याएँ एवं घटनाएं हमारे जीवन का एक अभिन्न अंग कही जा सकती हैं; शायद ही कोई मनुष्य यह दावा कर सके कि उसके जीवन में कोई समस्या नहीं आयी अथवा कोई अच्छी-बुरी घटना नहीं घटी। मेरा यह तात्पर्य कदापि नहीं है कि इन बातों, समस्याओं या घटनाओं को हम बिल्कुल नजर अंदाज कर दें अथवा उनका समाधान न खोजें। आशय मात्र इतना है कि उन्हें अपने जीवन का अभिन्न अंग मान कर उनपर विचार करें अनावश्यक चिन्तन नहीं। समस्याओं का समाधान खोजें, और यदि स्वयं को कोई हल न दिखाई दे तो मन ही मन परेशान होने के स्थान पर, यथा स्थिति, अपने परिवार के किसी सदस्य, योग्य मित्र अथवा किसी विश्वासपात्र व्यक्ति से सलाह करने में संकोच न करें। इस प्रकार यदि आपकी समस्या का समाधान नहीं भी होता है, तो भी कुछ नया सुझाव या रास्ता अवश्य मिलेगा। कहा भी गया है, "दुख बांटने से आधा होता है, और खुशी बांटने से दो गुनी होती है।" अतः, स्वयं के जीवन में यह संस्कार डालने का प्रयास करें कि, चाहे जो भी हो मुझे बीती बातें याद नहीं करनी है।'और यदि कभी किसी संदर्भ में पुरानी बातें याद आने लगें तो तुरन्त अपने विचार प्रवाह में पूर्ण विराम लगाते हुए किन्हीं अन्य सकारात्मक बातों की ओर अपने विचारों का प्रवाह मोड़ दें। इस प्रकार, जहाँ एक ओर आप तनाव के आक्रमण से बच जायेंगे, वहीं आपके मन की विचार शक्ति को एक नई ऊर्जा मिलेगी। याद रक्खें, अधिक सोच से समस्याएँ सुलझती कम हैं, उलझती ज्यादा; और कोई भी दिमाग हर किसी समस्या का समाधान खोजने में सक्षम नहीं होता है। प्रत्येक मस्तिष्क की विचार शक्ति की कुछ सीमाएं होती हैं। अतः अपने जीवन में इस मंत्र को सदा याद रखें।

'इससे पहले कि चिन्ता आपको खत्म करे,
आप चिन्ता को खत्म कर दें।'

(ix) बोलना कम, सुनना ज्यादाः मानव समाज की एक विशेष बात यह है कि कोई भी दो मनुष्य एक जैसे नहीं होते, उनमें कुछ न कुछ भिन्नता अवश्य होती है, फिर चाहे यह भिन्नता भौतिक रूप रेखा की हो अथवा बौद्धिक या मानसिक क्षमता की। बौद्धिक व मानसिक भिन्नता प्रायः विचार भिन्नता एवं विवेकशीलता के रूप में लक्षित होती है। यह विचार भिन्नता ही, कई बार हमारे मानसिक तनाव का कारण बन जाती है। इसका प्रमुख कारण यह है कि सामान्यतः लोग विचारभिन्नता के इस सत्य को नजर अंदाज कर देते हैं और वे अन्य लोगों से भी अपने विचारों एवं क्षमता के अनुरूप कार्य करने की अपेक्षा करने लगते हैं। जब कभी भी उन्हें किसी व्यक्ति की बात, व्यवहार या कोई कार्य अपने विचारों के अनुकूल नहीं लगता तो वे उसे स्वीकार नहीं कर पाते हैं और उसमें तत्काल हस्तक्षेप करने लगते हैं। इसी प्रकार, किसी व्यक्ति की बात पूरी सुनने से पूर्व ही, अपनी विचारधारा के अनुसार उसका अर्थ लगाते हुए, तुरन्त टिप्पणी कर देते हैं। ऐसी स्थिति में, यदि संबंधित व्यक्ति द्वारा कोई विरोध अथवा प्रतिक्रिया व्यक्त की जाती है या अपना पक्ष स्पष्ट किया जाता है तो स्वयं अपनी गलती का अहसास उनके तनाव का कारण बन सकता है। यह मानव प्रवृत्ति है कि वह अपने विचारों को अधिक सही मानता है एवं उससे भिन्न विचार उसे सामान्यतः गलत ही लगते हैं। कदाचित इसका प्रमुख कारण यह है कि दूसरे पक्ष के विचार जानने से पूर्व वह अपने व उनके विचारों की तुलनात्मक विवेचना कर ही नहीं सकता। अतः तात्कालिक प्रतिक्रिया अथवा हस्तक्षेप का परिणाम शर्मिन्दगी, ग्लानि एवं तनाव के अतिरिक्त और क्या हो सकता है? इसका यह अर्थ कदापि नहीं है कि उपरोक्त स्थिति अपरिहार्य है। विचार भिन्नता मानव प्रवृत्ति हो सकती है किन्तु यदि मनुष्य धैर्य का गुण अपना सके तो शायद ऐसी स्थिति उत्पन्न ही न हो जो

तनाव को जन्म दे। दूसरों की बातों या कार्यो में तत्काल अनावश्यक हस्तक्षेप करने अथवा उन्हें बिन मांगे की सलाह देने के स्थान पर यदि हम उनकी बातों को धैर्यपूर्वक सुनने का अभ्यास करें तो शायद हमारे लिये तनाव की स्थिति उत्पन्न ही न होगी। इतना ही नहीं, सम्भव है कि उस व्यक्ति की बातों से हमारे ज्ञान में कुछ बृद्धि ही हो एवं हमें अपने त्रुटिपूर्ण विचारों एवं धारणाओं को सुधारने का अवसर मिले। कदाचित यही कारण है कि जो लोग कम अथवा सीमित बोलते हैं एवं अधिकाधिक सुनने का धैर्य रखते हैं उन्हें तनावग्रस्त होते हुए बहुत कम देखा गया है।

(x) ईश्वर में आस्थाः अब तक यह बात स्पष्ट हो चुकी है कि तनाव का हमारे मन से बहुत गहरा सम्बन्ध होता है। दूसरे शब्दों में, हम कह सकते हैं कि हमारे मानसिक तनाव के लिए कोई बाहरी व्यक्ति अथवा शक्ति दोषी नहीं होते अपितु स्वयं हमारा मन ही इसका जिम्मेदार होता है। अतः स्वयं को किसी प्रकार की टेन्शन या तनाव से बचाने के लिए हमें अपने मन पर समुचित नियंत्रण रखना होगा। यहॉ प्रश्न उठ सकता है कि यह मन है क्या? मन की गणना न तो हमारी इन्द्रियों में होती है, और न ही इसका कोई भौतिक स्वरूप होता है। वस्तुतः मन हमारी विभिन्न शक्तियों में से एक है, जिसे इच्छा-शक्ति भी कहा जाता है एवं जो हमारी विवेक-बुद्धि द्वारा संचालित व क्रियान्वित होती है। हम सब जानते हैं कि हमारी विवेक-बुद्धि का नियंत्रक हमारा मस्तिष्क होता है। इस प्रकार हम इस निष्कर्ष पर पहॅुचतें हैं कि अपने मन अथवा इच्छा-शक्ति को नियंत्रित करने के लिये सबसे पहले हमें अपने मस्तिष्क को सशक्त, निर्मल एवं निर्विकार बनाना होगा।

निःसंदेह हमारी समस्त शक्तियां हमें ईश्वरीय देन के रूप में प्राप्त होती हैं, जिन्हें हम अनुरक्षित एवं संरक्षित रखते हैं तथा

आवश्यकतानुसार उनका उपयोग करते हैं। यह तथ्य हमें इस बात के लिए प्रेरित करता है कि हम इन शक्तियों के दाता, ईश्वर में पूर्ण आस्था एवं विश्वास रखते हुए अपनी दिनचर्या में कुछ समय ईश्वर के स्मरण तथा प्रार्थना के लिये सुनिश्चित करें और नियमित रूप से उस सर्वशक्तिमान परमात्मा की प्रार्थना के लिये समय निकालें। यदि आप इस नियम का पालन करते हैं तो जल्द ही आपको अपने अन्दर एक नयी ऊर्जा का संचार अनुभव होने लगेगा। यह मात्र एक धार्मिक अवधारणा अथवा अनुशंसा ही नहीं है, इसका पुष्ट वैज्ञानिक आधार भी है। मानव मस्तिष्क का एक विशेष गुण यह है कि वह एक ही समय में न तो एक से अधिक विषय में सोच सकता है और न ही एक से अधिक कार्य, एक ही समय में कर सकता है। पूर्ण आस्था के साथ ईश्वर की प्रार्थना करते समय आपके ध्यान से अन्य बातें या चिंताएं स्वतः हट जाती हैं और आपका अपना मानसिक बोझ काफी हल्का महसूस होता है। इस दिमागी बोझ को ही तो अंग्रेजी में mental stress कहते हैं! और mental stress ही तनाव का प्रारम्भिक लक्षण होता है। अमेरिका के सुविख्यात मनोवैज्ञानिक डा. जोन बारो सेनको के अनुसार, 'प्रतिदिन नियत समय पर प्रार्थना करने से तनाव पैदा करने वाले हारमोन इड्रिनलिन (Adrenalin) के रिसाव में काफी कमी हो जाती है।' तनाव से बचाव का यह उपाय अत्यंत सरल एवं व्यावहारिक कहा जा सकता है।

(2) पारिवारिक प्रयास

(i) परस्पर सामंजस्यः तनाव से दूर रहने के लिये पारिवारिक जीवन का शान्त एवं सद्भाव पूर्ण होना अत्यंत आवश्यक है। किन्तु मानसिक तनाव से बचाव के प्रयासों की चर्चा से पूर्व, उचित होगा कि पहले हम शब्द 'परिवार' के अभिप्राय की सूक्ष्म विवेचना कर लें। वस्तुतः, परिवार को एक छोटे सामाजिक समूह की संज्ञा दी जा

सकती है जिसके सदस्य परस्पर घनिष्ठ सम्बन्ध रखते हैं व एक-दूसरे के सुख-दुःख में सहभागी होते हैं। कहने की आवश्यकता नहीं रह जाती है कि यदि परिवार में किसी एक सदस्य की त्रुटि अथवा गलत व्यवहार से सभी दुःखी हो जाते हैं तो वहीं, किसी एक की कोई उपलब्धि या सफलता सभी के लिए खुशी का कारण बनती है। किन्तु उतना ही सत्य यह भी है कि परिवार के सदस्यों के आयु-स्तर, अनुभव या मानसिक स्तर में भिन्नता के रहते, प्रायः परस्पर सामंजस्य स्थापित नहीं हो पाता है जिसके कारण उनमें भावनात्मक मतभेद उत्पन्न हो जाता है जो बहुधा व्यक्त नहीं किया जाता है। यह अव्यक्त मत-भिन्नता अथवा मन में दबी भावनात्मक पीड़ा ही आगे चल कर मानसिक तनाव का स्वरूप धारण कर लेती है।

अतः, स्वयं को व अपने परिवार के सदस्यों को उपरोक्तानुसार संभावित तनाव की स्थिति से बचाने का सर्वोत्तम व कारगर उपाय होगा परस्पर तालमेल एवं समन्वय की भावना का अभ्यास। यथा, परिवार के किसी बच्चे द्वारा कोई गलत बात या कार्य किये जाने पर उसे अनावश्यक डांटने अथवा मारने के स्थान पर उसकी बौद्धिक एवं मानसिक अ-परिपक्वता को ध्यान में रखते हुए समझाने का प्रयास किया जाए तो कदाचित बेहतर होगा। मात्र डांट-फटकार से बच्चे, वस्तु-स्थिति को न समझ पाने के कारण प्रायः एक असमंजस की स्थिति में आ जाते हैं। यही अनुतरित असमंजस की स्थिति आगे चलकर गलत धारणा को जन्म दे सकती है एवं उनकी टेन्शन का कारण बन सकती है। इसी प्रकार, पति-पत्नी के बीच परस्पर एक दूसरे के प्रति सकारात्मक भावना का होना एवं एक-दूसरे के दायित्वों के प्रति सजगता उन्हें अनावश्यक गलतफहमियों में उलझने से बचाती हैं फलतः वे किसी निराधार एवं महत्वहीन कारण को लेकर तनावग्रस्त होने की स्थिति से बच सकते हैं।

औसतन, प्रतिदिन हमारा अधिकांश समय अपने परिवार के बीच गुजरता है और पारिवारिक सदस्यों से ही सर्वाधिक व्यवहार होता है। ऐसे में यदि पारिवारिक वातावरण संतुलित एवं सौहार्द्र्यपूर्ण हो तो यह सभी के मानसिक स्वास्थ्य एवं विकास के लिये हितकर सिद्ध होगा व उनमें से कोई भी मानसिक तनाव का शिकार नहीं होगा।

(ii) मानसिकता में परिवर्तनः परिवार की संकल्पना एवं परिभाषा, विशेषकर भारतवर्ष में, अब काफी परिवर्तित हो चुकी है परन्तु हमारी मानसिकता में अभी अधिक परिवर्तन नहीं हो पाया है; फलतः एक दुविधाजनक स्थिति प्रायः देखने को मिलती है। इस स्थिति के चलते लोगो में मानसिक शान्ति का अभाव लक्षित होता है जो धीरे-धीरे मानसिक तनाव का रूप ले लेता है। भारतवर्ष व कुछ अन्य एशियाई देशों के इतिहास में अधिकांशतः पुरुष प्रधान समाज का जिक्र व चित्रण देखने को मिलता है। कुछ समय पूर्व तक यही मान्यता लगभग सभी परिवारों में लागू थी; पुरुष ही घर का मुखिया कहलाता था और परिवार के शेष सदस्य उसके आदेशों एवं निर्देशों के अनुसार जीवन यापन के लिये बाध्य एवं समर्पित होते थे। वर्षो से चली आ रही इस रूढ़िवादी परम्परा के कारण उनमें एक आश्रित की मानसिकता घर कर चुकी थी, अतः किसी प्रकार का दुःख, क्षोभ अथवा तनाव होने का प्रश्न ही नहीं उठता था।

सामाजिक एवं शैक्षिक विकास के साथ ही साथ आज के समाज की मानसिक स्थिति काफी भिन्न हो गयी है। आज के परिवारों की महिलाएं भी काफी शिक्षित एवं जागरूक होती हैं तथा पुरुषों के बराबर खड़े होकर परिवार के लिये जीविकोपार्जन में भी सहयोग देने के योग्य हो गयी हैं। अतः इस परिवर्तित स्थिति को ध्यान में रखते हुए पारिवारिक मानसिकता में भी परिवर्तन स्वभाविक हो जाता है। शिक्षित परिवारों में यदि उस पुरानी रूढ़िवादी विचारधारा को त्यागा

नहीं जाता तो वह मानसिक तनाव को जन्म दे सकती है। पति-पत्नी, सास-बहू अथवा बाप-बेटे के मध्य परम्परागत भेद अथवा योग्यता या वरिष्ठता का तुलनात्मक मूल्यांकन, आज के परिवेश में निरर्थक कहा जायेगा। वस्तुतः यह भेद-भाव ही कभी-कभी पारिवारिक अशान्ति एवं विवाद के साथ ही साथ तनाव का भी कारण बनता है। इसके ठीक विपरीत, यदि परिवार के सदस्यों की योग्यता एवं ज्येष्ठता को समुचित सम्मान प्रदान करते हुए व्यवहार किया जाये तो निश्चित ही पारिवारिक वातावरण सुखद एवं तनाव रहित रखा जा सकता है। अतः तनाव रहित पारिवारिक जीवन के लिये आवश्यकता है तो मात्र, अपने झूठे अहम को मारने की एवं परस्पर एक दूसरे को यथोचित महत्व प्रदान करने की !!

(iii) संस्कार आरोपणः पारिवारिक परिवेश में सामान्यतः तनाव का एक अन्य कारण, जो प्रायः देखने को मिलता है, वह होता है परिवार के सदस्यों का अनैतिक अथवा अप्रिय व्यवहार, विशेषकर परिवार के वरिष्ठ एवं वयोवृद्ध सदस्यों के प्रति। बच्चों द्वारा अपने बड़ों की आज्ञा न मानना, जिद करना, उनसे अनावश्यक बहस करना अथवा बात-चीत में सम्मानजनक भाषा का प्रयोग न करना आदि जैसे अप्रिय व्यवहार आज दिन-प्रतिदिन बढ़ते नजर आते हैं। इस प्रकार का आचरण, परिवार के वरिष्ठ सदस्यों के साथ ही साथ उन बच्चों के लिए भी तनाव का कारण बनता है। किन्तु इतना ही सत्य यह भी है कि इस स्थिति के लिए हम मात्र बच्चों को ही पूर्णतया दोषी नहीं ठहरा सकते, बल्कि कहना चाहिए कि इसमें बच्चों का कोई दोष नहीं होता। उन्हें तो अपने बचपन में जैसे संस्कार मिलेंगे, तदानुसार ही उनका व्यवहारिक जीवन बनेगा! और संस्कार आरोपण का दायित्व होता है उन बच्चों के माता-पिता का एवं अन्य वरिष्ठ सदस्यों का !! प्रकृति का नियम है कि बच्चा अपने जन्म के समय एक कोरे कागज

की तरह होता है, उसपर जो कुछ भी लिख दिया जाएगा वही उसका स्वरुप या व्यक्तित्व बन जाएगा। जिस प्रकार कुम्हार गीली मिटटी को ढाल कर चाहे तो राम की मूर्ती बना ले चाहे रावण की; चाहे प्रकाश फैलाने वाला दिया बना ले अथवा भिक्षा पात्र! ठीक इसी प्रकार इन बच्चों के सन्दर्भ में कुम्हार का यह कार्य उनके माता पिता का होता है।

अकसर देखने में आता है कि अपने बाल्यकाल में बच्चे द्वारा की जाने वाली अटपटी क्रियाओं अथवा अपनी तोतली बोली में बोले जाने वाले अपशब्दों का प्रयास, बड़ों के लिए हंसी अथवा मनोरंजन का विषय बन जाता है। दूसरी ओर, उनकी इस प्रतिक्रिया को अपनी उपलब्धि मानकर बच्चा उसको बार-बार दोहराता है और धीरे-धीरे वही उसकी आदत बन जाती है; और तब उसकी यह आदतें, माता-पिता के लिए सर-दर्द, चिन्ता व तनाव का कारण बनने लगती है। ज्यों-ज्यों बच्चा बड़ा होता है उसकी इन गलत आदतों को सुधारना कठिन होता जाता है।

कहने का तात्पर्य यह है कि प्रत्येक माता-पिता का प्रथम एवं महत्वपूर्ण दायित्व होता है अपने बच्चों में अच्छे संस्कारों का आरोपण एवं विकास। यह कार्य न केवल बच्चे के उज्जवल भविष्य के लिए आवश्यक है अपितु परिवार के शांत एवं सुखद वातावरण तथा तनाव रहित जीवन के लिए भी जरूरी है। निःसंदेह, यह प्रयास मुख्यतः उन माता-पिता के लिए है जिनकी संतान अभी छोटी है अथवा जो निकट भविष्य में मां-बाप बनाने वाले हों।

(iv) सचेत आचरणः जैसा कि गत शीर्षक के अंतर्गत विवेचना की गयी है, परिवार के वातावरण का प्रभाव बच्चों पर बहुत जल्दी पड़ता है। इस सत्य को ध्यान में रखते हुए बहुत जरूरी हो जाता है कि परिवार के वरिष्ठ सदस्यों द्वारा अपने आचरण एवं व्यवहार पर

समुचित नियंत्रण रखने का प्रयास किया जाय। अर्थात, यदि किसी में कोई गलत आदत, जैसे, धूम्रपान, मदिरापान, जुआ खेलना आदि है तो इस बात के प्रति पूर्ण सतर्कता बरती जानी चाहिए कि वह उनके बच्चों के संज्ञान में न आने पाए; यथा संभव उनकी उपस्थिति में ऐसा कोई शौक न किया जाय जिसका उन पर कुप्रभाव पड़ने की संभावना हो। अन्यथा, आगे चलकर उनकी संतान द्वारा भी यदि ऐसा कोई व्यसन अपनाया जाता है तो वे उन्हें मना करने की स्थति में नहीं रह जायेंगे, और यह चिन्ता जनक स्थिति उनके लिए मानसिक तनाव का कारण बन सकती है।

मादक अथवा नशीली वस्तुओं के सेवन की आदत की भांति ही कुछ अन्य अवांछित आचरण होते हैं जिनके प्रति सतर्कता बरतना परिवार हित में आवश्यक कहा जा सकता है, उदाहरणतः, कुछ लोगों की जुबान पर कतिपय अपशब्द बतौर 'तकिया कलाम' चढे होते हैं; उनके द्वारा किसी से भी बात करते समय इन्हीं शब्दों के साथ अपना वाक्य आरम्भ किया जाता है! रोचक बात यह है कि कई बार उन्हें स्वयं इस बात का पता नहीं चलता और न चाहते हुए भी यह शब्द उनके मुंह से निकल पड़ते हैं!! प्रायः यह भी देखा गया है कि बहुधा यह आदत अनुवांशिक या खानदानी बन जाती है, फलतः कई बार, सभ्य समाज में उनके लिए शर्मिन्दगी का कारण भी बन जाती है। अतः, कहने की आवश्यकता नहीं रह जाती कि इस आचरण के प्रति समुचित सजगता हमें अनेक विषम परिस्थितियों से बचाते हुए तनाव की भँवर में फंसने से बचा सकती है। इसी प्रकार के कुछ अन्य आचरण कहे जा सकते हैं, बात-बात पर क्रोध करना, झगड़ा करना, अपने रिश्तेदारों या मित्रों की आलोचना व बुराई करते रहना इत्यादि। इसे मानव प्रवृत्ति ही कहा जाएगा कि हमें अपनी कमियां अथवा बुराइयां तो दिखाई नहीं देती परन्तु यदि वही कमियां हमें परिवार के

किसी अन्य सदस्य में लक्षित होती हैं तो वह हमारे लिए सोच व चिन्ता का कारण बनता है तथा उसे सुधारने के असफल प्रयास अन्ततः हमारे लिए परेशानी व मानसिक तनाव का रूप ले लेते हैं।

(3) सामाजिक प्रयास

(i) सक्रिय सामाजिक प्राणी बनें: समाज मानव जीवन का एक अभिन्न अंग होता है। सामाजिक दायरे से बाहर तो कदाचित सुख-दुःख को भी सही प्रकार से परिभाषित नहीं किया जा सकता। यह समाज ही है जिसका सहभाग हमारी खुशी को कई गुना बढ़ाता है और हमारे दुःख को बॉट कर आधा कर देता है। इसी परिपेक्ष्य में, हम कह सकते हैं कि हमारी सामाजिक सक्रियता हमें मानसिक तनाव की स्थिति से दूर रखने में सहायक सिद्ध होती है। यहॉ पर समाज से हमारा तात्पर्य, मुख्यतः, हमारे मित्रगण, सहकर्मी, अड़ोसी-पड़ोसी आदि से है। यह मानव प्रकृति ही कही जायेगी कि हमें एक से माहौल में निरन्तर रहना अथवा कार्य करना उबाऊ सा लगने लगता है और यह ऊब पहले थकान के रूप में लक्षित होती है फिर धीरे-धीरे मानसिक तनाव का रूप ले लेती है।

तनाव को स्वयं से दूर रखने का एक सरल उपाय कहा जा सकता है, अपने मित्रों व प्रियजनों के साथ कुछ समय व्यतीत करना। अपने मित्रों व प्रियजनों के साथ विभिन्न विषयों पर अनौपचारिक बात-चीत से हमारा ध्यान अपनी चिन्ताओं या समस्याओं से हटा कर हमारे मस्तिष्क से अवांछित दबाव को कम करता है। इसी क्रम में एक अन्य उपाय कहा जा सकता है, यदा-कदा अपने मित्रों के साथ किसी प्राकृतिक दृश्य अथवा दर्शनीय स्थान पर जाकर कुछ समय व्यतीत करना, जिसे सामान्यतः हम 'पिकनिक' के नाम से जानते है। यह भ्रमण न केवल आनन्द दायक होता है अपितु मानसिक स्वास्थ्य के लिये भी हितकर कहा जा सकता है। प्राकृतिक;, यथा नदी, नहर,

वन-उपवन अथवा पहाड़ आदि की सुन्दरता बरबस ही हमारा ध्यान अपनी ओर आकर्षित करती है तथा वहां पर अपने प्रियजनों की उपस्थिति एवं सहभागिता से यह आनंद और बढ़ जाता है। इस पर्यटन से लौटने के बाद भी काफी समय तक उन सुखद क्षणों की यादें हमें आनंदित रखते हुए तनाव से हमारी दूरी बनाए रखती है।

(ii) 'स्वयं' से बाहर आयें: विभिन्न शोध अध्ययन इस बात की पुष्टि करते हैं कि हमारा मानसिक तनाव, अधिकांशतः स्वयं से जुड़ी समस्याओं, चिन्ताओं अथवा अपेक्षाओं आदि पर केन्द्रित या आधारित होता है। इस महत्वपूर्ण तथ्य के परिपेक्ष्य मे कहा जा सकता है कि अपनी सोच को इस 'स्वयं' से विमुख करना ही तनाव से मुक्ति का सर्वोत्तम उपाय है। अब, यदि भारतीय समाज पद्धति के संदर्भ में इस उपाय पर विचार करे तो हम देखते हैं कि भारतवर्ष में सामाजिक एवं धार्मिक उत्सवों का सिलसिला लगभग वर्ष भर चलता रहता है। यह सिलसिला लोहड़ी, होली, बैसाखी, गणेश-उत्सव, कृष्ण-जन्माष्टमी आदि से शुरू हो कर रक्षा-बन्धन, राम-नवमी, दशहरा, दीपावली, ईद, क्रिसमस आदि तक चलता रहता है। और इनके साथ ही साथ विभिन्न राष्ट्रीय पर्व एवं पारिवारिक उत्सव भी समय-समय पर आयोजित होते रहते हैं। वस्तुतः, इन विभिन्न अवसरों को उत्सव के रूप में मनाने के पीछे एक निहित उद्देश्य यह भी होता है कि इनमें प्रतिभाग से हमारा ध्यान कुछ समय के लिये अन्य समस्याओं से हट जाता है तथा इन कार्यक्रमों में मिलने वाला आनन्द परोक्ष रूप से हमें तनाव से भी बचाता है। परन्तु, इसके लिये यदि कोई आवश्यकता है तो वह है, इन उत्सवों में सक्रिय योगदान की।

एक सामाजिक प्राणी होने के नाते, समाज के प्रति हमारे कुछ दायित्व भी होते हैं। इन दायित्वों का निर्वहन यदि पूर्ण सजगता और सहृदयता से किया जाये तो एक आत्मिक संतुष्टि एवं खुशी की

प्राप्ति होती है जिसके रहते मानसिक तनाव की सम्भावना स्वतः क्षीण हो जाती है। यद्यपि इन दायित्वों को यहाँ पर सूचीबद्ध करना समीचीन न होगा तथापि मोटे तौर पर इसका अभिप्राय जरुरतमंद लोगों को यथोचित सहायता करना कहा जा सकता है। यह सहायता, यथास्थिति, आर्थिक, भौतिक, विधिक अथवा भावनात्मक भी हो सकती है। सहयोगपूर्ण व्यवहार, कर्ता को न केवल आत्मिक संतोष व खुशी प्रदान करता है बल्कि आवश्यकता पड़ने पर उसकी सहायता के लिये भी अनेक हाथ आगे बढ़ते हैं जिससे उसका, मानसिक दबाव (stress) अथवा तनाव (tension) की स्थिति से बचाव हो जाता है।

(4) अन्य प्रयास

(अ) कहा गया है कि स्वस्थ शरीर में ही स्वस्थ मस्तिष्क का वास होता है; और स्वस्थ मस्तिष्क उसे कहा जायेगा जो किसी प्रकार की अवांछित सोच अथवा चिन्ताओं के भार से रहित (stress free) हो, सरल शब्दों में, जो किसी प्रकार के तनाव से ग्रस्त न हो। शरीर को स्वस्थ रखने के विभिन्न उपायों में सबसे सरल एवं, कदाचित सर्वोत्तम उपाय माना जाता है प्रातः एवं सायं काल का भ्रमण (morning & evening walk), जिसे हम तनाव से बचाव का सरल एवं व्यवहारिक उपाय भी कह सकते हैं। इस क्रिया से जहां एक ओर हमारा अच्छा व्यायाम होता है, वहीं दूसरी ओर स्वच्छ वायु तथा सूर्य की पहली किरणों के माध्यम से हमारे शरीर को पौष्टिकता प्राप्त होती है। इसके अतिरिक्त, प्रातः व सायं काल की प्राकृतिक छटा, पंछियों का कलरव और शीतल मंद हवा, शरीर व मस्तिष्क को ताजगी और स्फूर्ति प्रदान करते हैं।

मानसिक तनाव से दूरी बनाये रखने का यह प्रयास और भी प्रभावी हो जाता है यदि इस भ्रमणमें दो-चार अन्य लोग आपके साथ हों। अपने इन साथियों के साथ बात-चीत व हॅसी-मजाक करते हुए

आपको शारीरिक थकान का पता ही नहीं चलेगा तथा इसके साथ ही आप अपने मस्तिष्क में शान्ति, स्फूर्ति एवं ऊर्जा का संचार अनुभव करेंगे जो आपको अपने दिन की उत्साहपूर्ण शुरूआत करने, अथवा सायं काल के भ्रमण के बाद, एक चिन्ता रहित नींद सोने में सहायक सिद्ध होंगे।

(आ) हमारे स्वास्थ्य का एक अन्य महत्वपूर्ण आधार होता है हमारा खान-पान। हमारे द्वारा नियमित रूप से सेवन की जाने वाली खाद्य सामग्री, हमारी शारीरिक शक्ति के साथ ही साथ मानसिक शक्ति को भी प्रभावित करती है। कदाचित इसी संदर्भ में कहा गया है, "जैसा अन्न, वैसा मन।" इस विषय पर किये गये शोध अध्ययन पुष्टि करते हैं कि शाकाहार, फलाहार एवं सात्विक भोजन हमारे स्वास्थ्य के लिये सर्वोत्तम होते हैं और जो हमारी मनःस्थिति को शान्त व सौम्य बनाए रखने में सहायक होते हैं। मांसाहार अथवा मसालेदार, चटपटे एवं तीखे खाद्य पदार्थो को हमारे शास्त्रों में भी तमोगुणी कहा गया है। चिकित्सा विज्ञान के अनुसार, कार्बोहाईड्रेट का सेवन मन को शान्ति प्रदान करने वाला होता है, तथा कैफीन युक्त पदार्थ, जैसे चाय-काफी आदि के स्थान पर फलों के रस, नीबू-पानी, नारियल पानी इत्यादि के सेवन की अनुशंसा की गयी है।

आजकल, तथाकथित आधुनिकता की होड़ में, अनेक लोगों में मदिरा एवं अन्य मादक द्रव्यों की लोकप्रियता दिन-ब-दिन बढ़ती जा रही है; वहीं कुछ लोगों द्वारा मदिरा का सेवन तनाव से मुक्ति की दवा के रूप में किया जाता है। यह स्थिति हास्यप्रद होने के साथ ही साथ दुखद भी कही जायेगी, क्योंकि नशीले पदार्थो का सर्वाधिक कुप्रभाव व्यक्ति के दिमाग पर होता है एवं यह स्वास्थ्य के लिये अत्यधिक हानिकारक होते हैं। अतः, उक्त तथ्यों के परिपेक्ष्य में कहा जा सकता है कि मानसिक तनाव से बचने के लिये इन नशीली वस्तुओं से दूरी बनाये रखना अत्यन्त आवश्यक है।

तनाव से मुक्ति

इस पुस्तक के अब तक के अध्ययन से यह तो स्पष्ट हो गया होगा कि मानसिक तनाव वस्तुतः, अन्य रोगों की तरह का कोई ऐसा रोग नहीं है जिसका उपचार कोई डाक्टर, वैद्य या कोई अन्य व्यक्ति कर सके। उचित तो यह होगा कि तनाव को हम एक विचलित मनःस्थिति के रूप में परिभाषित करें। एक ऐसी मनःस्थिति जिसका सीधा सम्बन्ध, सम्बन्धित व्यक्ति की प्रकृति, प्रवृत्ति एवं विचारधारा से होता है। अतः, इस परिपेक्ष्य में, तनाव से मुक्ति के लिये सरलतम उपाय होगा उस प्रकृति, प्रवृत्ति अथवा विचारधारा में यथेष्ठ सुधार अथवा परिवर्तन!! अधिकांशतः तनाव इर्ष्या जनित होते हैं; अन्य लोगों से स्वयं का तुलनात्मक मूल्यांकन, फलतः, अभावग्रस्तता का आभास अथवा कल्पना मात्र, सम्बन्धित के मस्तिष्क में दुःख एवं निराशा का संचार प्रारम्भ कर देते हैं। ऐसी स्थिति में यदि अपने से अधिक अभावग्रस्त लोगों की ओर देखें, तो यह मानसिक तनाव पल भर में हवा हो जायेगा और आप में सम्पन्नता की भावना जागृत होगी, आपकी आत्म चेतना का उदय होगा और आपको स्वयं में अभाव के स्थान पर वैभव दिखाई देगा।

तनाव से मुक्ति के उपाय, कहने व सुनने में भले ही कितने सरल क्यों न लगे, किन्तु व्यावहारिक सत्य यह है कि मनुष्य के स्वभाव

अथवा विचारधारा में परिवर्तन आसान नहीं कहा जा सकता। प्रारंभ में आपको यह लग सकता है कि जीवन में अनुभव की जा रही मानसिक दबाव की स्थिति एवं उसके मूल कारण आपकी नियंत्रण क्षमता के परे (out of control) हैं, किन्तु वास्तविकता यह है कि यह सोच मात्र आपका भ्रम है। आप निश्चित ही अपने मानसिक तनाव को नियंत्रित कर उस पर विजय प्राप्त कर सकते हैं और इस कष्टदायी मनःस्थिति से छुटकारा पा सकते हैं। बस, आवश्यकता है तो मात्र एक दृढ़ संकल्प की। एक बार ठान लें कि आपको तनाव मुक्त हो कर रहना है, और वांछित प्रयास प्रारम्भ कर दें। एक बात और, इस प्रयास का क्रम शुरू करते समय यह याद रखें कि तनाव की जड़ें काफी गहरी और मजबूत होती हैं और आपके अब तक के आयु-काल में, आपके स्वभाव, आपके दृष्टिकोण, आपकी कार्य-प्रणाली आपकी पारिवारिक एवं सामाजिक जीवन शैली आदि के माध्यम से आपके दिलो-दिमाग में काफी गहराई तक पकड़ बना चुकी होगी!! अतः इस अन्तः-संग्राम के आरम्भ में ही आश्वस्त हो लें कि यह युद्ध काफी समय तक चल सकता है, इसलिए किसी चमत्कारिक परिणाम की तत्काल अपेक्षा कदापि न करें। इन गहरी जड़ों को नष्ट करने में कुछ समय तो लगेगा ही। परिणाम और अधिक बेहतर हो सकते हैं यदि आप अपने प्रयासों को सुनियोजित रूप से अमल में लायें। प्रयास का यह क्रम कुछ इस प्रकार निर्धारित किया जा सकता हैः

पहला कदम : आत्म निरीक्षण

मानसिक तनाव को समूल समाप्त करने के लिये, सर्व प्रथम यह आवश्यक होगा कि हम पूर्णतः निष्पक्ष रूप से अपनी वस्तुस्थिति (status) का पुनरावलोकन (review) कर अपने तनाव के प्रमुख कारकों को चिन्हित कर लें। इनमें से कुछ निम्नानुसार हो सकते हैंः

1. मन में निरन्तर घूमने वाली वे बातें अथवा यादें जो प्रायः हमारे तनाव का कारण बनती हैं।
2. स्वयं की वे कमजोरियाँ या आदतें जो हमें अक्सर तनावग्रस्त स्थिति की ओर धकेलती हैं।
3. घर-परिवार अथवा आस-पड़ोस में प्रायः घटित होने वाली ऐसी परिस्थितियाँ जो हमें पसन्द नहीं हैं और जो हमारे मानसिक तनाव को प्रेरित करती हैं।
4. जीवन की वह चन्द बुरी या दुखद यादें जो न चाहते हुए भी समय-समय पर आपके मस्तिष्क पर छा जाती हैं और एक अनचाहा दबाव डालती हैं।
5. आपसे प्रायः मिलने वाले ऐसे लोगों के नाम, जिनकी बातें या व्यवहार आपको अप्रिय लगता है और जो आपकी भावनाओं को उत्तेजित करता है।

इस सूची को जल्दबाजी अथवा आवेश में कदापि न बनायें, और बनाने के पश्चात कम से कम दो बार, अलग-अलग अंतराल पर पढ़ कर पुष्ट हों लें कि वह सही है और अन्तिम रूप दिये जाने योग्य है।

दूसरा कदम : आत्म चिन्तन

अपने मानसिक तनाव के जनक अथवा प्रेरक कारणों को उपरोक्तानुसार चिन्हित कर लेने के बाद अब आवश्यकता होगी उनसे मुक्त होने के उपाय सोचने व उन्हें लागू करने की। जिस प्रकार मानसिक तनाव पैदा करने वाले कारणों को विभिन्न श्रेणियों में रखा जा सकता है उसी प्रकार तनाव के इन कारकों से मुक्ति के प्रयासों को भी यदि श्रेणीबद्ध (categorize) किया जाय तो कदाचित हमारे प्रयास अधिक सफल व कारगर सिद्ध होंगे। तद्नुसार, अपने प्रयासों को हम कुछ इस प्रकार श्रेणीबद्ध कर सकते हैंः-

- **समस्या आधारित प्रयास (problem based efforts) :** इस श्रेणी के प्रयास के अन्तर्गत हम अपने जीवन से सम्बंधित कतिपय उन समस्याओं को सूचीबद्ध कर लें, जिनके कारण हम प्रायः चिन्तित व तनावग्रस्त हो जाते हैं। यह समस्या आर्थिक, पारिवारिक, सामाजिक, रोजी-रोजगार सम्बन्धी, जमीन-जायजाद अथवा सम्पत्ति विवाद इत्यादि, किसी भी प्रकार की हो सकती है।

- **भावना आधारित प्रयास (Emotion based efforts) :** जीवन में कभी-कभी कुछ परिस्थितियां अथवा घटनाएं हमें भावनात्मक आधात पहुंचाती हैं। क्योंकि यह स्थितियां हमारी मनोभावनाओं के अनुकूल नहीं होती हैं। अतः वे प्रत्यक्ष अथवा परोक्ष रूप से हमारे मस्तिष्क में एक बोझ स्वरूप बने रह कर हमारे जीवन की सामान्य चाल को विक्षिप्त कर देती हैं। हमारी भावनायें, वस्तुतः स्वयं हमारी सोच पर आधारित होती हैं। अतः यह बात विचारणीय हो जाती है कि क्या इस प्रकार हम स्वयं अपने लिये तनाव के द्वार नहीं खोल रहे हैं ? क्या, अपनी सोच को थोड़ा सा सकारात्मक मोड़ दे कर हम अपनी इस कष्टकर स्थिति से बच नहीं सकते हैं? अवश्य!! तो फिर सोचना क्या है ?

- **व्यवहार आधारित प्रयास (Relation based efforts) :** अतिश्योक्ति न होगी यदि कहा जाय कि मानसिक तनाव के अधिकांश प्रकरण इसी श्रेणी में जन्म लेते हैं, जिसके अन्तर्गत अन्य लोगों के अरूचिकर व्यवहार हमारे लिये तनाव का कारण बन जाते हैं। यदि हम इस अप्रिय स्थिति से बचने अथवा उसे नजर अंदाज करने की दिशा में प्रयास करें तो हम इस तनाव को उत्पन्न होने से रोक सकते हैं व इस प्रकार तनाव मुक्त रह सकते हैं।

- **समायोजन आधारित प्रयास (Adjustment based efforts) :** मानव प्रकृति का एक बहुत बड़ा नकारात्मक अवगुण होता है उसका अहम! कदाचित यह अवगुण जन्म-जात कहा जा सकता है। इंसान सदैव अपनी कही बात को या अपने किये कार्य को ही सही मानता है तथा उसके सम्बन्ध में कोई टिप्पणी अथवा आलोचना पसंद नहीं करता है। इसका प्रमुख कारण कहा जा सकता है उसका दृष्टिकोण, सोचने का उसका अपना नजरिया! एक अन्य कटु सत्य यह भी है कि संसार में कुछ भी गलत नहीं है, और न ही कुछ सही है !! सब अपनी-अपनी नजर का फेर है। यदि हम इस बात को स्वीकार कर अपने मस्तिष्क में स्थान दे सकें तो काफी हद तक तनाव की समस्या का निदान संभव है। एक दूसरे के विचारों के साथ समायोजन (Adjustment) का अभ्यास कर टीका-टिप्पणी या आलोचना आधारित तनाव की स्थिति से न केवल बचा जा सकता है वरन हम पूर्णतः तनाव मुक्त रह सकते हैं।

तीसरा कदम : आत्म परिवर्तन

तनाव से मुक्ति की मुहिम शुरू करने से पहले एक बात को सूत्र रूप में समझ लेना अत्यन्त आवश्यक है कि आपको जिन बातों या परिस्थितियों से मानसिक तनाव मिलता है, जरूरी नहीं कि वे सब आपके नियंत्रण में ही हों। इनमें से कुछ को आप अपनी इच्छा के अनुरूप परिवर्तित अथवा नियंत्रित कर सकते हैं व अन्य कुछ के संबंध में आपको अपने दृष्टिकोण में परिवर्तन लाना होगा, जिन्हें बदलना आपके बस में न हो। जैसे, अपने कार्यालय अथवा कार्यस्थल की ओर जाते-आते समय आपके मार्ग में दिखने वाले ट्रैफिक जैम की स्थिति आपके नियंत्रण में नहीं होगी, किन्तु उसे देख कर परेशान या

तनावग्रस्त न होना आपके नियंत्रण में हो सकता है। इसी प्रकार, स्वयं के अथवा परिवार के किसी सदस्य का अस्वस्थ हो जाना भले ही आपके नियंत्रण में न हो, किन्तु इस स्थिति से विचलित न हो कर यथोचित उपचार व्यवस्था करना आपके नियंत्रण से परे नहीं कहा जा सकता! कहने का तात्पर्य यह है कि यदि हम अपनी मनोभावनाओं में कुछ गुणात्मक सुधार अथवा विकास कर सकें तो हमें एक ऐसी ऊर्जा व शक्ति प्राप्त हो सकती है जिससे हम अवांछित मानसिक दबाव या टेन्शन को परास्त कर सकते हैं।

♦ **परिवर्तनशील बनें:** परिवर्तन सृष्टि का मौलिक सिद्धान्त है। संसार व प्रकृति में परिवर्तन का चक्र निरन्तर चलता रहता है। समय के साथ स्वयं को परिवर्तन न कर पाने वाले प्रायः पिछड़ जाते हैं और उनका यह पिछड़ना ही उनकी मानसिक प्रताड़ना का कारण बन जाता है। अतः, यदि समय और परिस्थिति के अनुरूप स्वयं को ढालने का गुण विकसित कर लिया जाय तो बदलती परिस्थितियाँ आपके लिये तनाव का कारण नहीं बन पायेंगी।

♦ **जिज्ञासु बनेः** स्वयं को बदलती दुनिया एवं परिस्थितियों में ढालने के लिये जिज्ञासु प्रवृति का होना लाभदायक होता है। किसी भी नई स्थिति अथवा प्रक्रिया को अपनाने से पूर्व जानने का प्रयास करें कि वह क्या है, क्यों है और कैसे है ? किसी भी परिवर्तन को ऑख मूँद कर अपनाना कदापि उचित नहीं कहा जा सकता।

♦ **अनुभवों का साकारात्मक पक्ष देखें :** कहते हैं जीवन में घटने वाली हर छोटी-बड़ी घटना हमें कुछ सबक अवश्य देतीं हैं। हमारी त्रुटियॉ, हमारी गलतफहमियॉ, हमारी असफलता आदि, वस्तुतः हमें एक बेहतर व सफल कल की ओर बढ़ने का रास्ता दिखाती हैं। अतः अपनी असफलता से निराश होने के स्थान पर यह देखें कि हमारे प्रयास में कहॉ पर क्या कमी रह गयी थी अथवा कौन सा कार्य त्रुटिपूर्ण रहा।

♦ **आत्मविश्वास और आत्म सम्मान विकसित करें :** उपरोक्तानुसार सकारात्मक गुणों को अपनाने के साथ ही साथ आप में एक आत्म विश्वास जागृत होगा। जब कभी अन्य लोग आपके कार्यो के सम्बन्ध में संदेह करेंगे अथवा टीका-टिप्पणी करेंगें तो आपका यह आत्म-विश्वास ढाल बन कर, विचलित होने या तनावग्रस्त होने से आपकी रक्षा करेगा। अब आप अपने जीवन के महत्वपूर्ण निर्णय पूर्ण आत्मविश्वास के साथ ले सकेंगे।

♦ **अपनी भावनाओं के प्रति ईमानदार बनें :** अपनी मनोभावनाओं एवं संवेदनाओं, यथा, क्रोध, खुशी, दुःख, घृणा आदि को भली-भॉति पहचान कर आप उनकी अभिव्यक्ति उचित रूप से कर सकते हैं। भावावेश में व्यक्त की गयी भावनाएं अथवा विचार प्रायः अर्थहीन व अनुपयोगी सिद्ध होते हैं, जो अंततः, स्वयं हमारे लिये ही तनाव का कारण बनते हैं। समय एवं परिस्थिति के अनुकूल अपनी भावनाओं को व्यक्त करना एक महत्वपूर्ण गुण कहलाता है, जो आपके कथन अथवा अभिव्यक्ति को बल प्रदान करता है।

चौथा कदम : गुणात्मक जीवन शैली

अपनी मनोभावनाओं में गुणात्मक सुधार के पश्चात हमारा अगला कदम होगा, अपनी जीवन-शैली में सुधार एवं विकास। यदि हम अपनी सामान्य दिनचर्या की कुछ बातों को गम्भीरतापूर्वक देखते हुए उनमें यथोचित सकारात्मक परिवर्तन करें तथा कतिपय अपनी नकारात्मक बातों के प्रति सतर्कता अपना लें तो यह हमारे जीवन के निर्मल प्रवाह के पक्ष में होगा जिसमें तनाव का कोई स्थान नहीं होता है।

1. आपकी कार्य प्रणाली

- यथासम्भव, किसी काम को टालने की प्रवृत्ति से बचें। किये जाने वाले कार्यो की सूची बना कर उन्हें वरीयता क्रम (priority order) में प्रारम्भ करें।

- एक समय पर अपने हाथ में केवल उतना ही काम लें जिसे आप सरलता पूर्वक स-समय पूरा कर सकें। इसके लिये अपनी कार्यक्षमता का ईमानदारी से मूल्यांकन करें। याद रखें, हाथ में लिये गये कार्यो का न हो पाना, अधूरा रह जाना अथवा खराब होना आपके लिये तनाव का कारण बन सकता है।
- अपने कार्य के प्रति आशावादी दृष्टिकोण अपनाएं तथा उसे पूर्ण आत्मविश्वास के साथ करें। स्मरण रहे, आत्मविश्वास का अभाव छोटे-से छोटे कार्य को भी कठिन बना सकता है, जब कि कठिनतम कार्य भी आत्मविश्वास के बल पर सफल हो जाते हैं।
- किसी भी किये जाने वाले कार्य को पूर्ण निष्ठा एवं लगन के साथ करें। कार्य में आपकी व्यस्तता, अनावश्यक चिंताओं व समस्याओं को आपसे दूर रखती है व आपका मन शांत रहता है।

2. जीवन में मनोरंजन को स्थान दें :

- अत्यधिक गंभीर प्रवृति से जीवन में नीरसता आने लगती है; और यही नीरसता मनुष्य के व्यवहार में रूखापन पैदा कर देती है जो स्वयं व दूसरों के लिये तनाव का कारण बनती है। अतः अपनी दिनचर्या में हंसी मजाक व मनोरंजन को कुछ स्थान अवश्य दें, ऐसा कर आप स्वयं को मानसिक स्तर पर काफी हल्का महसूस करेंगे और आप से मिलने वाले भी खुश रहेंगे।
- हर मनुष्य के अपने कुछ शौक होते हैं, व्यक्त अथवा अव्यक्त। अपने मन पसंद शौक को समय अवश्य दें, जैसे संगीत, टी0वी0 देखना, पुस्तकें पढ़ना, बागवानी करना, लेख-कविता

आदि लिखना इत्यादि। अपने शौक के लिये व्यतीत समय आपमें स्फूर्ति एवं आनंद का संचार करता है।

- शोध अध्ययन इस बात की पुष्टि करते हैं कि पालतू पशु-पक्षियों को पालना अथवा मछलियॉ पालना, न केवल शौक है, अपितु उनके साथ समय व्यतीत करना मानसिक तनाव को काफी कम करता है।

3. प्रकृति से नजदीकी बढ़ाएं

प्रकृति ईश्वर की एक अद्भुत एवं चमत्कारिक रचना है। पकृति को जरा नजदीक से देखेंगे तो पता चलेगा कि इसमें मात्र सुन्दरता ही नहीं है, अनेक रोगों के उपचार की क्षमता भी है। यदि आप अपनी दिनचर्या प्रातः कालीन भ्रमण (Morning walk) से प्रारम्भ करते हैं तो आप पायेंगे कि सुबह की शीतल मन्द हवा और उनके साथ अनेक पक्षियों का कलरव, उदय होते सूरज की अनुपम छटा इत्यादि आपके मस्तिष्क को एक अलौकिक आनन्द की अनुभूति प्रदान करते हैं जो चिन्ता व तनाव को आपसे दूर रखती है। कुछ इसी प्रकार का अनुभव आप सायं कालीन भ्रमण (Evening walk) में भी कर सकते हैं। प्रातः का भ्रमण, जहॉ आप में एक नयी ऊर्जा एवं जोश का संचार करता है, वहीं सायंकालीन भ्रमण आपकी दिन भर की थकान व मानसिक दबाव को राहत पहुंचायेगा। इसी प्रकार, यदाकदा आप अपने परिवार अथवा मित्रों के साथ किसी प्राकृतिक स्थल तथा नदी, पहाड़, बागान आदि में पिकनिक करने का कार्यक्रम भी बना सकते हैं।

4. खुशियों का आधार, आपका परिवारः

अनेक अध्ययन इस तथ्य की पुष्टि करते हैं कि प्रत्येक व्यक्ति की प्रत्यक्ष जीवन शैली (life style) के पीछे, उसकी पारिवारिक स्थिति का एक महत्वपूर्ण स्थान होता है। यदि पारिवारिक जीवन शांत एवं

खुशहाल हो तो उस परिवार के प्रत्येक सदस्य के चेहरे पर संतोष व खुशी की झलक दिखाई देगी और उनके क्रिया-कलाप में एक जोश व उत्साह लक्षित होगा। इसके ठीक विपरीत, अशांत व कलह-युक्त परिवार का हर सदस्य परेशान, असंतुष्ट व तनावग्रस्त दिखाई देगा। अतः, अपने पारिवारिक जीवन के प्रति पूर्णतः सजग रहते हुए यथा संभव प्रयास करें कि आपके परिवार में एक संतुलित एवं सौहार्दपूर्ण स्थिति बनी रहे। इस क्रम में कुछ सुझाव निम्नानुसार हैंः-

(i) परिवार में बच्चों व बड़ों, सबको यथोचित स्थान व महत्व प्रदान किया जाना चाहियें ताकि कोई भी स्वयं को उपेक्षित अथवा हीन न अनुभव करे। बच्चों को अनावश्यक रूप से डांटना या पीटना उनमें न केवल एक हीन भावना को जन्म देता है बल्कि उनके विकास में भी बाधक सिद्ध होता है। बच्चों की अपरिपक्वता (immaturity) को ध्यान में रखते हुए उनकी गलतियों व त्रुटियों का आभास उन्हें प्रेमपूर्वक कराया जा सकता है।

(ii) बच्चों में प्रारम्भ से ही अच्छे विचार एवं संस्कार रोपित करें। प्रायः सुनने में आता है, "अभी बच्चा है, बड़ा होगा तो स्वयं समझ जायेगा"। यह धारणा उचित नहीं है, वस्तुतः, बच्चे गीली मिटटी की तरह होते हैं, उन्हें जैसा चाहें ढाल सकते हैं। मिट्टी सूखने लगेगी तो उन्हें ढालने का प्रयास उन्हें तोड़ सकता है। इसके अतिरिक्त, बच्चों के दैनिक क्रिया-कलाप पर भी दूर से ही नजर रखते हुए उन्हें समय-समय पर सही दिशा में अग्रसर होने के लिये प्रेरित करते रहें।

(iii) बच्चों की भांति, परिवार के वयो-वृद्ध सदस्यों को भी समुचित स्थान व सम्मान प्राप्त हो, इसके प्रति सजग रहना अत्यंत आवश्यक है। आयु के चढ़ाव के साथ विचार-भिन्नता एक स्वाभाविक बात है अतः इसे ज्यादा गंभीरता से न लें। समय के साथ विचार धारायें, परम्पराएं व रीति रिवाज भी बदलते रहते हैं जिसके कारण अक्सर दो

पीढ़ियों में मत-भिन्नता दिखाई देने लगती है। यह न भूलें कि इन्हीं बुजुर्गों की उँगली पकड़ कर आपने चलना सीखा था और हमारा आज, उन्हीं के प्रयासों की देन है।

(iv) परिवार की विभिन्न समस्याओं, व्यवस्थाओं अथवा आयोजनों के संदर्भ में परिवार के सभी सदस्यों को सहभागिता (participation) का अवसर प्रदान करें व उनके विचारों को धैर्यपूर्वक सुनें तथा यथोचित निर्णय लें। इस प्रकार सब में आत्मविश्वास एवं महत्व की भावना जागृत होती है और कोई भी स्वयं को उपेक्षित अनुभव नहीं करता।

5. मेल-जोल बढ़ाएं, तनाव भगाएं :

- समाज को हम एक बृहद परिवार के रूप में भी परिभाषित कर सकते हैं। जिस प्रकार परिवार के सदस्यों का परस्पर सद्भाव एवं प्रेम हमें तनाव मुक्त रखने में सहायक होता है, उसी प्रकार समाज के अन्य लोगों से मिलना जुलना एवं सद्व्यवहार को तनाव मुक्ति का सरल उपाय कहा जा सकता है।
- अपने व्यस्त जीवन से कुछ समय निकाल कर यदि किसी जरूरतमंद व्यक्ति की सहायता अथवा सेवा की जाय तो न केवल आत्म संतोष एवं खुशी प्राप्त होगी वरन इसके साथ ही साथ आपका ध्यान व्यर्थ की चिन्ताओं से हटेगा। आपका यह भ्रम भी मिटेगा कि आप ही अधिक दुःखी या अभावग्रस्त है। फलतः, आपको अपने मानसिक तनाव से भी राहत मिलेगी।
- अपने मित्रों व अन्य प्रियजनों के साथ कुछ समय हंसी-मजाक व अन्य बातों में व्यतीत करने पर आप अपने दिमागी बोझ को कुछ हल्का महसूस करेंगे। कभी-कभी उनके साथ अपनी समस्याओं अथवा चिन्ताओं को साझा (share) करने पर

आपको अच्छे सुझाव व निदान भी प्राप्त हो सकते हैं जो आपके लिये तनाव मुक्ति में सहायक होंगे।

- समाज में अपने मित्रों एवं अन्य लोगों के साथ विचार विमर्श अथवा सामान्य बात-चीत करते समय कुछ बातों के प्रति सजग रहें, जैसे, किसी को बिन मांगे की सलाह न दें, धैर्यवान श्रोता (patient listener) बनें और अधिक बोलने की अपेक्षा अधिक सुनने की आदत को अपनायें, दूसरों की बातों या कार्यों में व्यर्थ का हस्तक्षेप न करें, बात करते समय अपनी आवाज तथा शब्दों के प्रयोग को संतुलित व नियंत्रित रखें। इस प्रकार, थोड़ी सी सतर्कता समाज में आपके मान-सम्मान में वृद्धि करती है और मानसिक बल व खुशी भी प्राप्त होती है।

- ***When stressed, enjoy eating ice-cream, cake, chocolate.***

  Why?? Because stressed spelled backwards is desserts!!

- ***पहले स्वयं से पूछिये, सबसे बुरा क्या हो सकता है? फिर उसे स्वीकार करने के लिए तैयार रहिए और उसके बाद उस बुरे को, कम बुरा करने का प्रयास करें***

  ...डेल कार्नेगी

वैकल्पिक उपाय

ध्यान (Meditation)

द्रुत गति से दौड़ती आज की जिंदगी में अधिकाँश लोग प्रायः थके हारे अथवा तनावग्रस्त नजर आते हैं। यह थकान अथवा तनाव हमारे जीवन में संतोष व खुशी को आने से रोकते हैं जिसके कारण हमारे व्यवहार में अधीरता व रूखापन आने लगता है। ऐसे में यदि हमें ध्यान योग की राय दी भी जाती है तो हमें लगता है जैसे हमारे पास इसके लिए समय नहीं है! कदाचित लोग इस सत्य से अवगत नहीं हैं कि 10-15 मिनट की ध्यान-क्रिया हमारे मस्तिष्क को शांति व एकाग्रता प्रदान कर हम में पुनः एक नवीन ऊर्जा का संचार कर सकती है।

ध्यान या (Meditation) क्या है?

सामान्यतः ध्यान योग की चर्चा करने पर लोगों की कल्पना में जो चित्र उभर कर आता है उसमें एक ध्यान-कर्ता (meditator) अपनी आँखें बंद कर चुप चाप बैठा दिखाई देता है। उस स्थिति में ध्यानकर्ता की अनुभूतियों या उपलब्धियों को 'गूंगे का गुड़ कहना ही अधिक उपयुक्त होगा! मनोवैज्ञानिक दृष्टिकोण से यदि ध्यान को परिभाषित किया जाय, तो, यह एक ऐसी क्रिया है जो मस्तिष्क को उन परिस्थितियों एवं मनोभावनाओं के उलझे हुए जाल से मुक्त करती है, जिन्हें हम

अपने नियंत्रण से बाहर मानते हुए अपने मन पर एक अवांछित दबाव (undesired stress) के रूप में महसूस कर रहे होते हैं। दूसरे शब्दों में, ध्यान योग हमें मानसिक संतुलन व शान्ति के साथ ही साथ एक अपूर्व ऊर्जा प्रदान कर सकता है; और जब हमारा मस्तिष्क शान्त व संतुलित होता है तो व्यर्थ की चिन्ता अथवा तनाव का प्रश्न ही नहीं उठता बल्कि उनके स्थान पर हमें संतोष एव खुशी की प्राप्ति होती है।

ध्यान या Meditation का उद्देश्य?

ध्यान, वस्तुतः एक मानसिक क्रिया अथवा व्यायाम है जो हमारे मस्तिष्क को अधिक सशक्त एवं संतुलित करता है। शांत व संतुलित मस्तिष्क में व्यर्थ की चिन्ता या तनाव के लिए कोई स्थान नहीं होता है और न ही वह समस्याओं से विचलित होता है। प्रायः हमारे लिए एक कठिन कार्य होता है अपने दिमाग या सोच को नियंत्रित करना। चंचलता मानव मस्तिष्क का एक सामान्य गुण कहा जा सकता है। जिस प्रकार हवा में छोड़ा गया गुब्बारा हवा के झोंकों से इधर उधर उडता है उसी प्रकार विभिन्न परिस्थितियों के झोंके हमारे मन को विचलित करते रहते हैं। जब हमें मनवांछित वस्तु मिल जाती है अथवा हमारा कोई इच्छित कार्य हो जाता है, तो हमारे मन का झूला खुशी की उतेजना मिश्रित पेंग से आसमान छूना चाहता है; और यदि कभी हमारा आपेक्षित कार्य न हो पाए, कोई कार्य खराब हो जाय अथवा किसी प्रिय वस्तु की हानि हो जाय तो दुःख व निराशा जनित पीड़ा से हमारा दिमाग, जैसे तड़प उठता है और हम खुद को तनाव के घने बादलों से घिरा महसूस करते हैं ! इन सांसारिक वाह्य परिस्थितियों के प्रभाव से विचलित होने वाली इस मनःस्थिति को नियंत्रित करने का एक प्रभावी माध्यम है ध्यान या Meditation।

ध्यान क्रिया के अभ्यास से हमारा मानसिक संतुलन विकसित होता है जो उत्तेजना एवं निराशा के मध्य झूलने वाले हमारे मन को स्थिरता प्रदान करते हुए नियंत्रित करता है। सूत्र रूप में हम यह कह सकते हैं की ध्यान वह लगाम है जो मन रुपी मदमस्त घोड़े को काबू में रखने के लिए प्रयोग की जाति है !!

कैसे करें ध्यान या Meditation?

हमारे पौराणिक ग्रंथों में ध्यान योग अथवा ध्यान समाधि के सन्दर्भ में दिए गए विवरण के आधार पर, एक सामान्य धारणा के अनुसार निःसंदेह यह एक कठिन योग प्रतीत हो सकता है; किन्तु शारीरिक एवं मानसिक संतुलन व राहत के सन्दर्भ में जिस ध्यान क्रिया का उल्लेख यहाँ किया जा रहा है, उसे इतना कठिन नहीं कहा जा सकता। यह एक सरल अभ्यास की क्रिया है जिसे हम अपनी आवश्यकता एवं क्षमता के अनुरूप विकसित कर सकते हैं। प्रारंभिक स्तर पर इसे निम्नानुसार किया जा सकता है:-

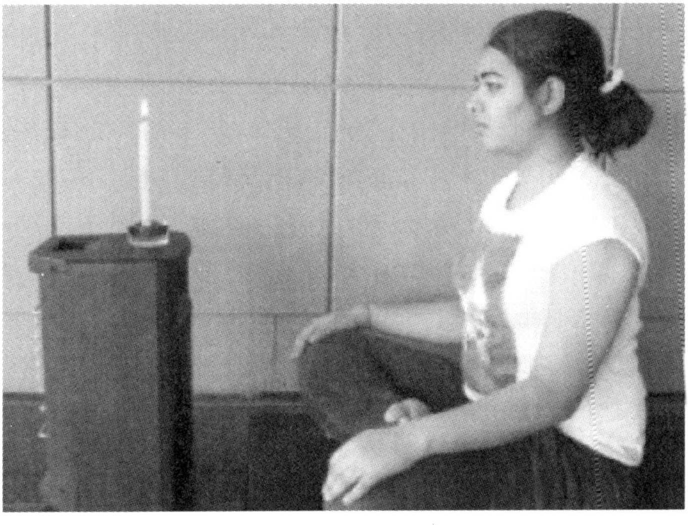

1. अपनी सुविधानुसार बैठ जाएँ अथवा आराम से लेट जाएँ। सामान्यतः, बैठने का तात्पर्य पालथी मारकर (cross legged) बैठने से होता है, तथापि असुविधा की दशा में कुर्सी पर भी बैठा जा सकता है। हम जैसे भी बैठें, यह अवश्य ध्यान रहे कि हमारी पीठ सीधी हो, किन्तु तनी हुई न हो। इससे हमारा मस्तिष्क स्वच्छ रहता है और उसमें ऊर्जा का संचार आसानी से हो पाता है।

2. अपनी दोनों आँखें धीरे से बंद कर लें, या आधी बंद करके अपनी नाक की ओर दृष्टि केन्द्रित करें क्योंकि आँखें पूरी तरह खुली होने पर संभव है कि हमारा मन भटकने लगे अथवा हमारे मस्तिष्क में अन्य विचार प्रवाहित होने लगें।

3. प्राकृतिक अथवा सामान्य रूप से स्वांस चलने दें, अपनी स्वांस की गति को किसी प्रकार नियंत्रित करने अथवा परिवर्तित करने का प्रयास न करें।

4. अपना ध्यान अपनी स्वांसन क्रिया पर केन्द्रित करें और इस बात पर ध्यान दें कि प्रत्येक सांस के लेने व छोड़ने (inhalation & exhalation) पर शरीर में क्या प्रतिक्रिया हो रही है। अपने पेट, छाती, कन्धे व अन्य अंगों के संचलन (movement) पर अपना ध्यान केन्द्रित करें; इनमें से किसी भी अंग की हरकत को रोकने अथवा नियंत्रित करने का प्रयास बिल्कुल न करें। अपना ध्यान इस प्रकार केन्द्रित करने पर उन समस्याओं एवं चिंताओं से आपका ध्यान स्वतः हटेगा जो आपके तनाव का मूल कारण थीं! हो सकता है बीच-बीच में आपका मन भटकना चाहे, तो उसे पुनः अपनी श्वसन क्रिया पर केन्द्रित करें।

ध्यान की इस क्रिया को हम प्रारंभिक अभ्यास कह सकते हैं; शुरू में इसे 2-4 मिनट तक करें व धीरे-धीरे इस समय को बढ़ाने का प्रयास करें। इस प्राथमिक क्रिया में अभ्यस्त होने के पश्चात हम अपनी एकाग्रता को और विकसित करने का अभ्यास आरम्भ करेंगे। अब मात्र अपनी स्वांस पर ध्यान लगाने के स्थान पर, हम एक लक्ष्य निर्धारित कर उस पर अपना ध्यान केन्द्रित करने का प्रयास करेंगे। सामान्यतः यह लक्ष्य, एक जलती हुई मोमबत्ती की लौ अथवा दीवार पर एक कागज अथवा बोर्ड में बनाया गया एक सूक्ष्म बिन्दु होता है। अब ध्यान क्रिया के दौरान आँखें बंद रखने के स्थान पर दोनों आँखें खोल कर मोमबत्ती की लौ के निचले भाग (बती), अथवा दीवार पर बने बिन्दु पर ध्यान केन्द्रित किया जाना है। पूर्ण एकाग्रता के साथ ध्यान केन्द्रित करते हुए प्रयास यह होना चाहिए कि हमारी दृष्टि लक्ष्य से न हटे। इस प्रकार, आपकी आँखें खुली होने के बावजूद आपका ध्यान विचलित नहीं होगा। हो सकता है यह क्रिया प्रारम्भ में आपको सरल न लगे अतः एक चक्र में 2 या 3 मिनट तक ही करें व एक लघु अंतराल के बाद इसे दोहरा सकते हैं। निरंतर अभ्यास के साथ यह ध्यान अवधि बढ़ेगी व जिससे आपकी एकाग्रता शक्ति में भी वृद्धि होगी। इस अभ्यास के दौरान अपनी स्वांसन क्रिया पर ध्यान देते हुए अनुभव करने का प्रयास करें कि आपके द्वारा छोड़ी जाने वाली प्रत्येक सांस के साथ आपके नकारात्मक एवं निराशाजनक विचारों का काला धुँआ आपके शरीर से बाहर निकल रहा है, और ली जाने वाली हर सांस के साथ सकारात्मक विचारों की शक्ति किरणों का संचार आपके शरीर में हो रहा है।

इस ध्यान क्रिया का अभ्यास करते हुए आप आश्वस्त होने लगेंगे कि आपका मस्तिष्क अब एक स्वच्छ एवं शांत स्थान बन गया है जिसमें चिन्ता, समस्याओं अथवा तनाव के लिए कोई स्थान नहीं रह

गया है। इसके साथ ही आप यह भी अनुभव करेंगे कि आपमें अपनी समस्याओं के समाधान की क्षमता विकसित हो रही है अतः किसी प्रकार का भय अब आपको विचलित नहीं कर सकता है!

यद्यपि ध्यान की इस क्रिया को प्राथमिक स्तर ही माना जाता है तथापि यह काफी लाभकारी होता है। मस्तिष्क की एकाग्रता में वृद्धि व नकारात्मक विचारों से मुक्ति के साथ ही हमारे मस्तिष्क में एक स्थिरता आने लगती है, फलतः हमारे अन्दर एक आत्मिक संतृप्ति एवं आनंद की भावना संचारित होने लगती है। हम जानते हैं कि मानसिक तनाव या टेन्शन सामान्यतः हमारे दिमाग की ही उपज होता है। प्रतिदिन नियमित रूप से 10 से 15 मिनट तक ध्यान की इस स्वांसन क्रिया को करने से हम अपने मानसिक तनाव को धीरे-धीरे समाप्त कर एक सशक्त एवं आत्मविश्वासी व्यक्तित्व को प्राप्त करते हैं और सामान्यतः कठिन प्रतीत होने वाली परिस्थितियां भी सरल लगने लगती हैं। हमारे सरल, शांत व प्रसन्नचित व्यवहार से समाज व मित्रों के मध्य हमारी स्थिति भी सम्मानजनक व सुदृढ़ होती है। इतना ही नहीं, इस अभ्यास के फलस्वरूप हमारे स्वास्थ्य में लाभ होते हैं, जैसे;

1. बेहतर रक्त संचार के साथ ही हमारे रक्त चाप (Blood pressure) का नियंत्रित होना।
2. धीमी व नियंत्रित स्वांसन क्रिया से, प्रायः सांस फूलने की शिकायत (यदि रही हो) भी समाप्त होती है।
3. Blood cortisol के स्तर में गिरावट आती है जिससे अवांछित उत्तेजना की स्थिति कम होती है।
4. मानसिक दबाव (Stress) कम होता है व जिससे शारीरिक व मानसिक स्तर पर अधिक राहत मिलती है।

योगाभ्यास (Yoga)

मानसिक तनाव या stress से छुटकारा पाने का एक अन्य कारगर उपाय है योगाभ्यास। भारतीय संस्कृति के पुरातन ग्रंथों में हमें योगाभ्यास अथवा योगसाधना का उल्लेख मिलाता है। पुरातन समय में ऋषि-मुनियों की दिनचर्या का एक अहम् भाग होता था, योग। ऐसा कदाचित इसलिए भी रहा होगा, कि वे लोग योगाभ्यास द्वारा अपने मस्तिष्क को शांत व तनाव रहित रखते हुए अपनी दिनचर्या को और अधिक सक्रीय, सार्थक व उपयोगी बनाने में समर्थ हो पाते थे। योगाभ्यास मात्र एक भौतिक क्रिया अथवा व्यायाम ही नहीं है जो हमारे शरीर को सुदृढ़ व लचीला बनाता है, अपितु यह हमारे शरीर तथा दिमाग के मध्य संतुलन बनाता है, हमारे तंत्रिका तंत्र (nervous system) को शांत व संयमित रखता है, मानसिक तनाव से राहत देने वाले हार्मोन्स की उत्पत्ति में वृद्धि करता है तथा शरीर को विषाक्त तत्वों (toxin) से मुक्त करता है। नियमित योगाभ्यास से हमारे मस्तिष्क को मिलने वाली शांति से चिन्ता व निराशा की प्रवृति में सुधार होता है परिणामतः जीवन में जोश व खुशी का संचार होता है। यह मात्र एक अवधारणा ही नहीं है, इस सन्दर्भ में किये गए शोध अध्ययनों से यह बात प्रमाणित भी हो चुकी है। एक शोध आख्या के अनुसार, नियमित रूप से योगाभ्यास करने वाले लोगों में टेन्शन अथवा स्ट्रेस

की शिकायत अपेक्षाकृत कम देखी गयी एवं उनकी कार्यक्षमता एवं गुणवत्ता भी बेहतर पायी गयी।

वैसे तो योगाभ्यास के अन्तर्गत अनेक योगासनों का उल्लेख आता है व जिनके भिन्न-भिन्न लाभ होते हैं, किन्तु यहाँ पर हम केवल उन योगासनों का उल्लेख करेंगे जो हमें मानसिक थकान व तनाव से राहत प्रदान करते हैं।

1. शव आसन

जैसा कि नाम से स्वतः स्पष्ट है, इस आसन में शरीर को शव की भांति निश्छल व ढीला किया जाता है। शारीरिक अथवा मानसिक थकान से राहत के लिए इसे सर्वोतम आसन माना गया है। यह थकान हमारे जोड़ों एवं स्नायु तन्त्र (muscles) को प्रभावित करती है जिससे उनमें खिंचाव व पीड़ा महसूस होती है। शव आसन द्वारा इसी खिंचाव में कमी तथा राहत अनुभव की जा सकती है। मोटे तौर पर इस आसन को दो श्रेणियों में बांटा जा सकता है;

(अ) तात्कालिक राहत हेतु (for immediate relief)

(आ) दीर्घ कालिक राहत हेतु (for sustained relief)

तात्कालिक राहत हेतुः

1. किसी स्वच्छ स्थान पर दरी अथवा चटाई बिछा कर पीठ के बल सीधे लेट जाएँ।
2. अपनी दोनों टांगों को इस प्रकार सीधा रखें कि दोनों टखने व पंजे एक दूसरे से सटे हों; दोनों बाहों को भी शरीर से सटा कर सीधा रखें।
3. पैर के पंजों को बाहर की ओर इस प्रकार खींचें कि पिंडलियों और जाँघों में खिंचाव अनुभव हो तथा घुटना भी खिंच जाए।

4. दोनों हाथ की मुट्ठियाँ इस प्रकार जोर से बंद करें कि बाहों के स्नायु तंत्र (muscle) में खिंचाव अनुभव किया जा सके।

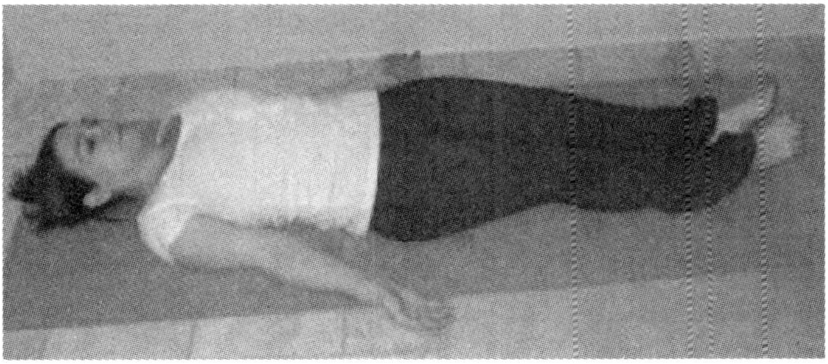

5. अब धीरे-धीरे सांस लेते हुए अपने हाथ-पैरों के खिंचाव को बढ़ाते जाएँ।

6. कुछ देर इसी अवस्था में रुकने के बाद सांस छोड़ते हुए अपने हाथ व पैरों को ढीला करते जायें। इस क्रिया के दौरान ध्यान दें कि आपका पेट अन्दर की ओर जा रहा है।

7. सांस लेने व छोड़ने के साथ की जाने वाली इस क्रिया को 2-3 बार दोहरायें।

8. अब सम्पूर्ण शरीर को ढीला छोड़ दें; दोनों टांगों को परस्पर अलग कर लें, दोनों बांहों को भी शरीर से कुछ दूरी पर ले जाएँ तथा दोनों मुट्ठियाँ खोल कर हथेलियाँ आकाश की ओर करके रखें।

9. पूरे शरीर को एक शव की भांति निढाल व ढीला छाड़ दें।

10. एक लघु अंतराल के बाद उक्त सम्पूर्ण क्रिया को पुनः दोहरायें।

लगभग 5 से 10 मिनट तक इस आसन को करने के पश्चात आप थकान सें राहत महसूस करेंगे।

दीर्घ कालिक राहत हेतु

शव आसन की यह विधि मानसिक तनाव से दीर्घ कालिक राहत के लिए उपयोगी है, अथवा कहा जा सकता है कि यह तनाव से मुक्ति का एक सरल उपाय है। समुचित लाभ हेतु इस आसन का नियमित अभ्यास प्रतिदिन 15 से 30 मिनट तक करने की अनुशंसा की जाती है।

योगासन की विधि

1. उपयुक्त एवं स्वच्छ स्थान पर, पूर्व विधि के अनुसार पीठ के बल लेट जायें।
2. दोनों पैरों को परस्पर लगभग 20 इंच की दूरी पर रखें और सभी जोड़ों व पंजों को ढीला छोड़ दें।
3. दोनों बांहों को शरीर से 8-10 इंच दूर रख कर हथेलियाँ ऊपर की ओर खोल कर रखें।
4. ध्यान दें कि शरीर के किसी भाग में भी खिंचाव या तनाव न हो।

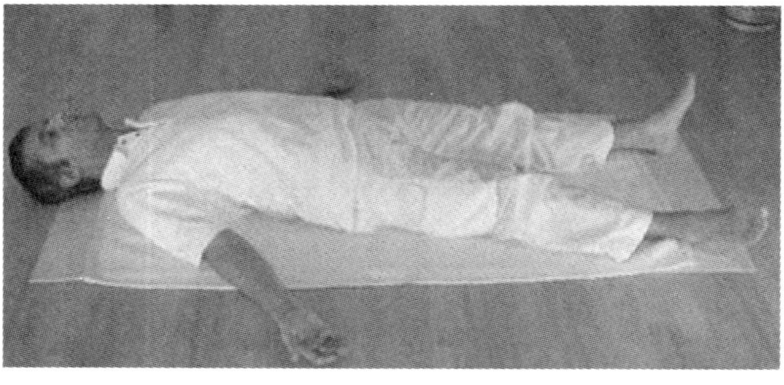

5. शरीर को इसी प्रकार शिथिल रखते हुए सामान्य रूप से धीरे-धीरे सांस लेते रहें और अपनी इस स्वांसन क्रिया को अपने शरीर के विभिन्न अंगों में अनुभव करने का प्रयास करें।

अन्दर ली जाने वाली प्रत्येक सांस के साथ अपनी छाती व उदर के फूलने, तथा हर छोड़ी जाने वाली सांस के साथ छाती व उदर के संकुचन की क्रिया पर ध्यान दें किन्तु उसे नियंत्रित अथवा परिवर्तित करने का प्रयास न करें। ली जाने वाली प्रत्येक सांस के साथ आपके शरीर में शक्ति एवं ऊर्जा का संचार होता है और हर छोड़ी जाने वाली सांस के साथ एक राहत व हल्केपन का अहसास होता है। अपने शरीर को पूर्ण रूप से ढीला छोड़ कर अपना सम्पूर्ण ध्यान अपनी साँसों के आवागमन पर केन्द्रित करें। अपनी समस्याओं व अनावश्यक विचारों से सम्पर्क तोड़ लें, दूसरे शब्दों में, अपने शरीर के साथ ही साथ अपने मस्तिष्क को भी पूर्ण विश्राम की अवस्था में रखें और महसूस करने का प्रयास करें अपने पैरों के अंगूठे से मस्तिष्क की ओर मंद गति से प्रवाहित होती राहत की एक लहर को (a wave of relaxation)।

यथा संभव 15 से 30 मिनट तक इस योगाभ्यास को करने के पश्चात अपनी दोनों हथेलियों को परस्पर रगड़ कर अपनी आँखों पर रखें और धीरे से आँखें खोलते हुए आराम से उठ कर बैठ जाएँ।

कृपया ध्यान रखें: उपरोक्तानुसार शव आसन को प्रातः नाश्ते से पूर्व अथवा शाम को किया जा सकता है, जबकि तात्कालिक राहत हेतु वर्णित अभ्यास दिन में किसी भी समय किया जा सकता है, और यदि लेटने के लिए उपयुक्त स्थान न हो तो कुर्सी पर बैठ कर भी इसे किया जा सकता है।

प्रातः काल किया गया अभ्यास, जहाँ आपको एक चुस्त-दुरुस्त दिनचर्या के लिए तैयार करता है, वहीं शाम को, दिनभर की थकान भरी दिनचर्या के पश्चात् किए गए शव आसन से गहन राहत तथा रात में अच्छी नींद प्राप्त होगी।

2. भुजंग आसन

जैसा कि नाम से ही इंगित होता है, इस आसन में भुजंग (सर्प) की भांति शरीर के अग्र भाग को उठाने की क्रिया मुख्य होती है। यह क्रिया शारीरिक थकान एवं मानसिक तनाव से राहत के लिए अत्यंत उपयुक्त होती है।

योग प्रक्रिया

1. चटाई अथवा दरी बिछा कर उस पर पेट के बल लेट जाएँ।
2. दोनों टांगों को एक दूसरे के साथ सटा कर पैर के पंजों को बाहर की ओर इस प्रकार ताने कि सम्पूर्ण टांगों में खिंचाव महसूस हो।
3. दोनों बाहों को कोहनी से मोड़ कर इस प्रकार रखें कि दोनों हथेलियाँ जमीन की ओर हों और अंगूठे छाती को छू रहे हों।
4. अपने चहरे को धीरे-धीरे नीचे की ओर ले जाएँ जब तक कि आपकी ठुडी जमीन को छूने न लगे।
5. अब मंद गति से सांस लेते हुए अपने चहरे को धीरे-धीरे उठायें और गर्दन को उठाते हुए सर को पीछे की ओर ले जाएँ।
6. अपनी बाहों व हथेलियों के सहारे कन्धों को इस प्रकार उठायें कि सीना आगे की ओर तन जाए किन्तु ध्यान रहे कि नाभी व नीचे का भाग जमीन की ओर दबा रहे।

7. सामान्य गति से सांस लेते हुए इसी मुद्रा में 20 से 30 सैकेण्ड तक रुकें, फिर धीमी गति से स्वांस छोड़ते हुए शरीर को नीचे की ओर पूर्व स्थिति में ले आयें।
8. शरीर को उठाते व नीचे लाते समय ध्यान रखें कि यह क्रिया तीव्र गति से या झटके के साथ नहो।
9. उपरोक्त अभ्यास को, एक चक्र में 4-5 बार दोहरायें।
10. योगाभ्यास के पश्चात एक ओर करवट ले कर धीरे से उठकर बैठ जाएँ।

कुछ सावधानियां

अः यद्यपि उपरोक्त वर्णित योगाभ्यास सरल हैं तथापि प्रारंभिक स्तर पर किसी जानकार व्यक्ति की देख-रेख में ही अभ्यास करना उचित होगा।

आः योगाभ्यास के दौरान शरीर का संचलन तेज नहीं होना चाहिए और न ही कोई क्रिया झटके के साथ करें।

इः योगाभ्यास के दौरान स्वांसन क्रिया सामान्य व नियमित रखें, इसे रोकने या तेज करने का प्रयास न करें।

ईः योगाभ्यास के दौरान अपना ध्यान स्वांसन क्रिया एवं शरीर के संचलन (movement) पर केन्द्रित रखें तथा अन्य विचारों को मस्तिष्क में न आने दें।

उः योगाभ्यास अपने शरीर के लचीलेपन (flexibility) व क्षमता (capability) के अनुसार ही करें अर्थात अपने शरीर के साथ कोई जबरदस्ती न करें।

संगीतोपचार (Music Therapy)

संगीत की लोकप्रियता तो आदिकाल से ही रही है। इतिहास की पुस्तकें हों या धार्मिक ग्रन्थ, सभी में संगीत का उल्लेख किसी न किसी सन्दर्भ में मिलता है। आज, यदि संगीत के क्षेत्र में कुछ अन्तर दिखता है तो वह है वाद्य यंत्रों का आधुनिकीकरण, संगीत की लय का अथवा गीत की रचना में। परन्तु एक अन्य अन्तर जिसे उल्लेखनीय एवं महत्वपूर्ण कहा जा सकता है वह है संगीत की उपयोगिता का चिकित्सकीय प्रयोग। संगीत, जिसे अब तक मात्र मनोरंजन का साधन माना जाता रहा है उसे अब चिकित्सा एवं स्वास्थ्य के क्षेत्र में भी महत्वपूर्ण स्थान दिया जा रहा है।

संगीतोपचार के सन्दर्भ में किये गए शोध अध्ययनों से अब यह प्रमाणित हो चुका है की संगीत द्वारा न केवल अनेक गंभीर रोगों के चिकित्सकीय उपचार को गति मिलती है, अपितु, इससे अनेक रोगों का इलाज भी संभव है, विशेषकर मानसिक अथवा भावनात्मक अस्वस्थता से जुड़े रोगों में। वर्ष 2009 में प्रकाशित एक शोध अध्ययन के अनुसार, संगीतोपचार (music therapy) द्वारा मानसिक दबाव (stress) उत्कंठा (anxiety) व निराशा (depression) से ग्रस्त रोगियों को राहत मिलती है। इस शोध समूह द्वारा 116 ऐसे लोगों पर एक प्रयोग किया गया जिनमें गहन उत्कंठा, निराशा अथवा मानसिक तनाव व्याप्त था। इन सभी को दो सप्ताह तक प्रतिदिन दो बार,

आधे-आधे घंटे तक संगीतोपचार किया गया। उपचार अवधि के उपरान्त इनमें से अधिकाँश लोगों द्वारा अपनी मनोदशा में काफी राहत होना स्वीकार किया गया।

क्या है संगीतोपचार

संगीतोपचार की विवेचना से पूर्व कदाचित उचित होगी संगीत की विवेचना। संगीत, मूलतः एक ध्वनि है, एक ऐसी ध्वनि जो स्वरों के कम्पन (vibrations) से उत्पन्न होती है। संगीत शास्त्र में ध्वनि के भी दो भेद बताये गए हैं स्वर और कोलाहल। सामान्यतः जब कोई ध्वनि नियमित और आवर्त-कम्पनों (regular vibrations) से मिलकर उत्पन्न होती है, उसे स्वर कहते हैं; इसके विपरीत, जब कम्पन अनियमित तथा पेचीदा या मिश्रित हो तो उसे 'कोलाहल' कहते हैं। इस प्रकार, संगीत को विभिन्न आवृति (frequency) के कम्पन (vibrations) का सुनियोजित पुन्ज भी कहा जा सकता है। संगोत विशेषज्ञों एवं शोधकर्ताओं द्वारा पर्याप्त समय से इस बात का अध्ययन किया जा रहा है कि संगीत में निहित इस कम्पन अथवा तरंगों का मानव शरीर एवं मस्तिष्क पर क्या प्रभाव पड़ता है और कितना ? कतिपय चिकित्सा विशेषज्ञों द्वारा संगीतोपचार (music therapy) की तुलना उस चिकित्सा पद्धति से की गयी है जिसके अन्तर्गत रोगी के शरीर में उपकरणों की सहायता से कम्पन की तरंगें भेजी जाती हैं। यह चिकित्सा-पद्धति vibroacoustic therapy के नाम से जानी जाती है एवं जिसका उपयोग Parkinson, Fibromyalgia व Depression जैसे गंभीर रोगों के उपचार में किया जाता है। इस प्रकार, संगीतोपचार को हम इसी पद्धति का पर्याय भी कह सकते हैं।

सारांशतः, अब चिकित्सा विज्ञान का लक्ष्य है, विभिन्न रोगों के उपचार हेतु, अन्य दवाओं की भांति, उचित मात्र, आवृति एवं तीव्रता

के आधार पर संगीत की उचित खुराक (dose) का निर्धारण कर एक सुनिश्चित वैकल्पिक उपचार पद्धति के रूप में संगीतोपचार का उपयोग।

संगीत का प्रभाव

विज्ञान द्वारा अब इस तथ्य की पुष्टि की जा चुकी है कि संगीत का गहन प्रभाव हमारे मस्तिष्क पर व तदानुक्रम मे हमारे शरीर पर पड़ता है। सुविख्यात बाल रोग विशेषज्ञ एवं जानी-मानी लेखिका प्रोद्र लीसा हार्टलिंग के अनुसार, ''हमारा मस्तिष्क संगीत के प्रति एक विशिष्ट प्रतिक्रिया करता है। बाल रोगियों के पीड़ादायक चिकित्सा उपचार के दौरान संगीत की मौजूदगी से काफी अन्तर व राहत देखी गयी।" इसी प्रकार, व्यस्क रोगियों के इलाज में भी संगीतमय माहौल काफी उपयोगी पाया गया। एक प्रमुख संगीतोपचार विशेषज्ञ, मेलानी क्वान के अनुसार, ''संगीत के स्वरों में संलिप्त होकर गंभीर रोगी, कठिन व कष्टप्रद क्षणों में भी काफी राहत व आराम महसूस करते हैं।''

Vibroacoustic therapy के शोधकर्ता बारटेल के अनुसार, ''क्योंकि संगीत की तरंगों में एक सुनियोजित उतार चढाव व कम्पन होता है जो मस्तिष्क के असंतुलन को स्थिरता प्रदान कर संचालित करता है, अतः हमारा विशवास है कि हल्की ध्वनि के संगीत द्वारा अनेक रोगों, विशेषकर मानसिक रोगों के उपचार में पर्याप्त सहायता मिल सकती है। शोध के आधार पर यह सत्यापित हो चुका है कि संगीत से शरीर की रोग प्रतिरोधक व्यवस्था (immune system) बेहतर होती है व मानसिक दबाव (stress) में कमी आती है। यह पाया गया है कि संगीत के गायन, वादन अथवा श्रवण से शरीर में। antibody immunoglobulin A तथा natural killer cell के

उत्पादन में वृद्धि होती है, जो शरीर की रोग प्रतिरोधक क्षमता को बढ़ाते है। इसी प्रकार संगीत की तरंगों से मानसिक दबाव पैदा करने वाले हारमोन कार्टिसोल (cartisole) का स्तर भी कम होता है जिससे मानसिक तनाव में राहत मिलती है।

संगीतोपचार की प्रक्रिया

यद्यपि संगीतोपचार में सामान्यतः रोगी की भावनात्मक स्थिति को दृष्टिगत रखते हुए संगीत का चयन किया जाता है, तथापि कई बार कुछ अन्य लक्ष्यों को दृष्टिगत रखते हुए भी संगीत के माध्यम से उपचार किया जा सकता है; जैसे दबाव (stress) या उत्कंठा (Anxiety) में राहत के लिए, मनोदशा (mood) में सुधार हेतु अथवा किसी बीमार के स्वास्थ्य में स्थिरता व सुधार के लिए।

यहाँ पर हमारा प्रमुख लक्ष्य है मानसिक तनाव, उत्कंठा (stress) अथवा उदासीनता (depression) से राहत हेतु संगीतोपचार। इस उद्देश्य से संगीत का प्रयोग समय, परिस्थिति एवं व्यक्ति विशेष-रोगी की मनोदशा को ध्यान में रखते हुए किया जाना अधिक उचित होता है। यथास्थिति, निम्नांकित प्रक्रियाओं को सुविधानुसार चुना जा सकता है :

1. ध्यान या meditation करते समय धीमे स्वर में,चयनित संगीत को बजने दें। इससे न केवल ध्यान में आपकी एकाग्रता बढ़ेगी बल्कि आपको शारीरिक थकान में भी राहत महसूस होगी।
2. योगाभ्यास अथवा हलके शारीरिक व्यायाम के साथ संगीत एक उत्प्रेरक (catalyst) का काम करता है व जिससे, व्यायाम से होने वाली थकान भी कम अनुभव होती है।

3. उदासी निराशा, अथवा शारीरिक शिथिलता जैसी मनोदशा की स्थिति में तीव्र संगीत अथवा गीत को सुनना प्रारम्भ किया जाय तो कुछ ही समय में उस संगीत लहरी का साथ, सम्बंधित के अंग भी देने लगेंगे और थिरकने लगेंगे। इस प्रकार उसकी मनोदशा में उल्लेखनीय सुधार आ जावेगा।
4. गीत-संगीत सुनने के अतिरिक्त यदि उसके साथ स्वयं भी गाने या गुनगुनाने का प्रयास किया जाय तो न केवल अपनी चिंताओं या समस्याओं से हमारा ध्यान हटता है और दिमाग को राहत पहुंचाता है, अपितु गायन की यह क्रिया हमारे फेफड़ों व ह्रदय की धमनियों के लिए सूक्ष्म व्यायाम का काम करती है और हमारे रक्त-चाप को भी नियंत्रित करती है।
5. भारतीय शास्त्रीय संगीत के विश्लेषणात्मक अध्ययन में यह पाया गया है कि शास्त्रीय संगीत के विभिन्न रागों का मनुष्य पर पृथक-पृथक प्रभाव होता है; अतः, यदि इन रागों को अथवा इनपर आधारित गीतों को प्रतिदिन 20-25 मिनट सुना जाय तो अनेक रोगों से राहत मिल सकती है। उदहारण स्वरुप, डिप्रेशन, उदासीनता या नीरसता की मनोदशा में राग 'बिहाग' व राग 'मधुवंती" को सुनना लाभदायक होता है। इन रागों पर आधारित कुछ फिल्मी गाने इस प्रकार हैं :

   - तुम तो प्यार हो, सजना; मुझे तुम से प्यारा
     (फिल्म, सेहरा)
   - तेरे सुर और मेरे गीत, दोनों मिलकर
     (फिल्म, गूँज उठी शहनाई)
   - मतवारी नार, ठुमक ठुमक चली जाय
     (फिल्म, आम्रपाली)

○ सखी री, पी का नाम, नाम न पूछो

(फिल्म, सती सावित्री)

इसी प्रकार रक्त चाप की दशा में, उच्च रक्तचाप (High BP) में धीमी गति के, और निम्न रक्तचाप में तीव्र गति के गीतों को सुनने या गाने की अनुशंसा की जाती है, जैसे–

Blood Pressure के लिए,

○ चल उड़ जा रे पंछी, कि अब यह (फिल्म, भाभी)

○ चलो दिलदार चलो, चाँद के पार (फिल्म, पाकीजा)

○ नीले गगन के तले, धरती का (फिल्म, हमराज)

Low Blood Pressure के लिए,

○ ओ, नींद न मुझको आये, (फिल्म, पोस्ट बाक्स नं. 909)

○ बेगानी शादी में, अब्दुल्ला (फिल्म, जिस देश में गंगा बहती है)

○ पंख होते तो उड़ आती रे (फिल्म, सेहरा)

उपरोक्त क्रम में ध्यान देने योग्य एक अन्य बात यह है कि संगीतोपचार के लिए संगीत में रुचि होना अथवा संगीत की जानकारी या पृष्ठभूमि का होना आवश्यक नहीं है। संगीत के स्वरों तथा लय से उत्पन्न होने वाली कम्पन की तरंगें मानव शरीर में प्रवेश कर चमत्कारिक कार्य करती हैं। संगीत की इस उपयोगिता को दृष्टिगत रखते हुए ही आज अनेक बड़े प्रतिष्ठानों, कार्यशालाओं एवं कार्यालयों में कार्यकाल के दौरान मन्द-मन्द संगीत बजाते रहने का प्रचलन आम हो गया है। इसका धनात्मक प्रभाव कर्मचारियों की कार्यक्षमता एवं गुणवत्ता में वृद्धि के रूप में देखा गया है।

सुगन्धोपचार (Aroma Therapy)

चिकित्सा विज्ञान के क्षेत्र में, आजकल कुछ वैकल्पिक उपचार विधियाँ लोकप्रिय हो रही हैं जिनमें से एक है सुगन्धोपचार (Aroma therapy) विभिन्न शारीरिक व मानसिक व्याधियों में यह उपचार विधि काफी उपयोगी सिद्ध हुई है, विशेषकर मानसिक तनाव (stress), अवसाद (depression), उत्कंठा (anxiety), आदि से राहत के मामलों में। सुगन्धोपचार मूलतः इस सिद्धांत पर आधारित है कि अनेक प्राकृतिक उत्पादों, यथा, फूल, पत्तों, जड़ी-बूटियाँ आदि की सुगन्ध हमारी मानसिक शक्ति को विभिन्न प्रकार से प्रभावित करती है। इन प्रभावों के गहन अध्ययन के आधार पर ही सुगन्धोपचार का सृजन एवं विकास हुआ है।

क्या है सुगन्धोपचार?

प्रकृति द्वारा हमें प्रदत विभिन्न पेड़-पौधों को चिन्हित कर उनके पृथक-पृथक भागों, जैसे फूल, फल, पत्तों, जड़ों, तने की छाल आदि से तेल निकाला जाता है जिन्हें सुगन्ध तेल या essential oils के नाम से जाना जाता है। इन तेलों की सुगन्ध को ही इस उपचार विधि का आधार कहा जा सकता है, तदानुसार ही इस विधि को सुगन्धोपचार का नाम दिया गया है। कुछ प्रकरणों में इन तेलों को अन्य तेल या क्रीम में मिला कर त्वचा पर लगाया भी जाता है। सामान्यतः इस विधि के अन्तर्गत, संबंधित तेल की कुछ बूँदें उबलते पानी में डाल

कर उसकी भाप को सूंघने अथवा स्नान हेतु एकत्र जल में कुछ बूँदें मिला कर स्नान करने की सलाह दी जाती है। कतिपय सामान्य मानसिक परेशानियों के निवारण हेतु प्रयुक्त होने वाले प्राकृतिक उत्पादों में निम्नांकित प्रमुख हैं:

गुलाब के फूल, चमेली के फूल व चन्दन : मानसिक तनाव (stress), उत्कंठा (anxiety) व उदासीनता (depression) से राहत के लिए उपयोगी माने गए हैं।

नींबू (lemon), पुदीना (peppermint) व लैवेंडर (lavender): निराशा, चिन्ता, भय, चिडचिडापन के उन्मूलन में सहायक माने गए हैं।

उपचार प्रक्रिया

यद्यपि सुगन्धोपचार प्रक्रिया में इस्तेमाल होने वाले सुगन्ध तेलों (essential oils) की तीव्रता (concentration) व उपचार क्षमता भिन्न भिन्न होती है एवं विभिन्न रोगों हेतु उनके उपयोग की विधि भी पृथक-पृथक होती है; तथापि सामान्यतः किसी भी सुगन्ध तेल को उसके मूल रूप में प्रयोग नहीं किया जाना चाहिए अन्यथा वह हानिकारक हो सकता है।

सुगन्धोपचार हेतु सुगन्ध तेलों को यथा आवश्यक स्नान के पानी में मिला कर, किसी अन्य तेल या क्रीम में मिला कर अथवा पानी में मिला कर भाप के रूप में प्रयोग किया जाता है।

1. **स्नान विधिः** संबंधित सुगन्ध तेल की कुछ बूँद पानी में मिला कर स्नान करने पर शरीर में स्फूर्ति आती है एवं मानसिक शक्ति में वृद्धि होती है।
2. **श्वसन विधि :** इस विधि में, सुगन्ध तेल की चार-पाँच बूँद उबलते पानी में डालकर, उसकी भाप को श्वांस द्वारा शरीर में प्रवेश कराया जाता है।
3. **मालिश विधि :** इस विधि के अन्तर्गत संबंधित सुगन्ध तेल की कुछ बूँदें उपयुक्त क्रीम या तेल में मिलाकर त्वचा पर लगाया जाता है।
4. **सुगन्ध प्रसार विधि :** यह एक अत्यंत सरल विधि है जिसमें सुगन्ध तेल से निर्मित अगरबत्ती को जला कर कक्ष का वातावरण सुगन्धित किया जाता है अथवा कमरे में किसी उपयुक्त स्थान पर कांच के खुले पात्र में जल डाल कर उसमें सुगन्ध तेल की 2-4 बूँद मिला कर रखने से भी वातावरण सुगन्धित किया जा सकता है।

उपयोगी सुगन्ध तेल

1. **चन्दन (Sandalwood) :** चन्दन की मोहक सुगन्ध मन को शांति प्रदान करने वाली होती है। माथे पर चन्दन के लेप अथवा टीकाकरण का निहित उद्देश्य भी कदाचित यही है। चन्दन की अगरबती को भी सुगन्धोपचार के रूप में प्रयोग किया जाता है। चन्दन की लकड़ी से बनाए गए सुगन्ध तेल को मालिश के तेल में मिला कर भी प्रयोग किया जाता है।

2. **गुलाब (Rose flower):** गुलाब का फूल और उसकी सुगन्ध जितने मोहक होते हैं उतने ही उपयोगी भी। अवसाद (depression) अथवा उत्कंठा (aanxiety) की स्थिति से मुक्ति के लिए इसका सुगन्धोपचार काफी प्रभावी होता है। गुलाब के सुगन्ध तेल (essential oil) की कुछ बूँदें पानी में मिला कर स्नान करने या मालिश के तेल में मिलाकर शरीर पर लगाने से मानसिक तनाव से राहत मिलती है।

3. **चमेली (Jasmine) :** चमेली के फूलों से बना सुगन्ध तेल द्वारा सुगन्धोपचार, तनाव, मानसिक दबाव अथवा अवसाद की स्थिति में उपयोगी सिद्ध हुआ है। इसका उपयोग स्नान के पानी में मिला कर, भाप के माध्यम से सूंघ कर या मालिश के तेल में मिला कर किया जा सकता है।

4. **देवदार (Cedar wood) :** देवदार के वृक्ष की छाल से तैयार सुगन्ध तेल ठंडक पहुँचाने वाला माना गया है अतः मानसिक दबाव (stress) एवं उत्कंठा (Anxiety) से राहत के लिए उपयोगी होता है। इसका उपयोग भाप के माध्यम से अथवा मालिश के तेल में मिला कर किया जाता है। यह सुगन्ध तेल अत्यंत तीव्र (highly concentrated) होने के कारण शरीर पर सीधे नहीं लगाना चाहिए।

5. **मेंहंदी (Rosemary) :** मेहँदी के सुगन्ध तेल अवसाद को शांत करने वाला (anti &depressant) होता है तथा मानसिक सक्रियता के लिए अत्यंत उपयोगी माना जाता है इसे प्रायः स्नान के पानी में मिला कर उपयोग किया जाता है।

6. **लैवेंडर (Lavender) :** यह सुगन्ध तेल भी मानसिक थकान से राहत दिलाता है। इसकी एक-दो बूँद रुमाल में लगा कर

सूंघने से मानसिक स्फूर्ति बनी रहती है। रात को सोते समय तकिये पर 1-2 बूँद लगाने से अच्छी नींद आती है।

7. **पुदीना (Peppermint)** : यह तेल भी मानसिक शान्ति एवं स्फूर्ति प्रदान करता है अतः दिमाग की सजगता व एकाग्रता को बढ़ाने के लिए इस सुगन्ध तेल का प्रयोग किया जाता है।

कुछ जिज्ञासाएं

(अ) क्या सुगन्ध तेल का आशय सामान्यतः प्रयोग किये जाने वाले perfume, scent या deodorant से है?

- सुगन्ध तेल एवं perfume, deo आदि भिन्न पदार्थ हैं। सुगन्ध तेल एक प्राकृतिक उत्पाद (natural product) है जिसे फूलों, पत्तों, जड़ों अथवा पेड़ की छाल या लकड़ी से निकाला जाता है, जबकि perfume, scent इत्यादि कृत्रिम रासायनिक उत्पाद हैं; अतः उनका उपयोग सुगन्धोपचार हेतु नहीं किया जा सकता।

(आ) सुगन्ध तेल को त्वचा पर सीधे क्यों नहीं लगाया जा सकता?

- वस्तुतः सुगन्ध तेल, अर्क की श्रेणी में आते हैं एवं अत्यंत तीव्र (highly concentrated) होते हैं, अतः इन्हें त्वचा पर सीधे लगाने से त्वचा जल सकती है अथवा त्वचा से रक्त कोशिकाओं में प्रवेश कर हानि पहुंचा सकते हैं।

(इ) सुगन्धोपचार के लिए सुगन्ध तेल को इस्तेमाल करने की सर्वोतम विधि क्या है?

- यद्यपि यह प्रत्येक सुगन्ध तेल की गुणवत्ता एवं उपचार क्षमता पर निर्भर करता है कि उसे कैसे प्रयोग किया जाय, तथापि बेहतर परिणामों के लिए इन्हें पानी में घोल कर अथवा मसाज के तेल क्रीम या लोशन में मिला कर प्रयोग किया जाना चाहिए।

(ई) हमें अपने सुगन्ध तेल को किस प्रकार सुरक्षित रखना चाहिए ?

❍ सुगन्ध तेलों की गुणवत्ता बनाए रखने के लिए उन्हें कांच की बोतल में चूड़ीदार ढक्कन से बंद करके रखना चाहिए। यथा सम्भव, बोतल गहरे रंग की होनी चाहिए अन्यथा उसे अँधेरे स्थान पर रखें जहाँ सूर्य का प्रकाश न पहुँच सके।

कुछ सावधानियाँ

❍ सुगन्ध तेलों को बिना पतला किये शरीर पर नहीं लगाना चाहिए अन्यथा इनकी तीव्रता से शरीर में जलन हो सकती है। यदि ऐसा हो जाय तो तुरन्त शरीर के उस भाग पर क्रीम या कोई अन्य तेल लगा कर साबुन एवं गर्म पानी से धो लें।

❍ सुगन्ध तेल को अपनी आँख के संपर्क में आने से बचाएँ। यदि आँख में सुगन्ध तेल लग जाय तो तत्काल उसे गुनगुने पानी से अच्छी तरह धो लें। यदि फिर भी आँख में जलन या पीड़ा महसूस हो तो नेत्र चिकित्सक से जांच करा लें।

❍ सुगन्ध तेल का उपयोग केवल निर्धारित मात्रा में ही करें। अधिक मात्रा के उपयोग से सर-दर्द या जी मिचलाने की शिकायत हो सकती है। यदि ऐसा हो तो पर्याप्त मात्रा में पानी पियें और खुली हवा में दीर्घ सांस लें।

❍ सुगन्ध तेल को अन्य दवाओं या एल्कोहाल के साथ न मिलाए यदि आप epilepsy या low blood pressure की दवा ले रहे हैं तो सुगन्ध तेल का प्रयोग न करें।

❍ निःसंदेह सुगन्धोपचार के लाभ चमत्कारी होते हैं किन्तु इसका गलत उपयोग स्वास्थ्य के लिए हानिकारक भी हो सकता है।

कुछ प्रेरक प्रसंग

आने वाला कल

"अपने जीवन के इन चालीस वर्षों में मुझको अब यह विश्वास हो चला था कि मेरा जीवन पूर्णतः चिंता व तनाव रहित है। ऐसा शायद इसलिए भी था क्योंकि आज तक मेरा सामना सामान्यतः जीवन रहित है। ऐसा शायद इसलिए भी था क्योंकि आज तक मेरा सामना सामान्यतः जीवन की छोटी-मोटी समस्याओं से ही हुआ था और जिन्हें मैं बड़ी आसानी से हल करता चला आ रहा था। परन्तु अचानक हालात कुछ ऐसे बदले कि मैं स्वयं को अनेक चिंताओं से घिरा हुआ महसूस करने लगा। चिन्ता ने मेरी नींद उड़ा दी!! इन समस्याओं के दुखद परिणामों की कल्पना ने तनाव का रूप धारण करना शुरू कर दिया था। मैं दिन-रात उन्हीं के बारे में सोचता रहता, कभी-कभी लगता कि इन समस्याओं को सुलझाना शायद मेरे लिए संभव नहीं होगा।

एक दिन अपने आफिस में बैठा इन समस्याओं के बारे में सोच रहा था कि एक विचार आया; क्यों न मैं इन समस्याओं की एक सूची बना कर रख लूं और जब कभी इनका कोई हल सूझेगा तो उसे भी तुरन्त समस्या के सामने लिख कर रख लूँगा, और फिर उसे सुलझाने का प्रयास करूंगा। मैंने अपनी समस्याओं की सूची कुछ इस प्रकार बना कर रख लीः

1. मेरे बिजनेस कालेज की आर्थिक स्थिति दिन-ब-दिन कमजोर होती जा रही है। कालेज में छात्रों की संख्या निरंतर घटती जा रही है। यदि स्थिति में सुधार नहीं होता है तो कल मुझे यह कालेज बंद करना पड़ सकता है।
2. मेरा पुत्र सेना में है और युद्ध छिड़ चुका है। यदि उसे कुछ हो गया तो हमारा क्या होगा?
3. हमारे शहर में हवाई अड्डा बनाने के लिए जिस जमीन को लिया जाता है, मेरा मकान उसके बीच में आता है। सरकार के इस फैसले से मैं अपना घर तो गवाँ ही दूंगा और मुआवजा भी बहुत कम मिलेगा। ऐसी स्थिति में मैं अपने परिवार को लेकर कहाँ जाऊंगा।
4. मेरा बिजनेस कालेज घर से काफी दूर है और मेरी कार के टायर भी काफी कमजोर हो चुके हैं यदि वे नष्ट हो गए तो बड़ी समस्या खड़ी हो जायेगी। अभी नये टायर लेने की स्थिति में नहीं हूँ।
5. मेरी बेटी इस साल हाई स्कूल पास कर लेगी, अब उसका दाखिला कालेज में करवाना होगा जिसपर काफी खर्च आएगा, उसकी व्यवस्था कैसे करूंगा?

उपरोक्त सूची बनाने के बाद मैं कुछ आश्वस्त हो गया कि अब कोई न कोई समाधान निकल ही आएगा। मैं एक बार फिर अपने आफिस में काम में व्यस्त हो गया। अपने आफिस के कार्यों एवं रोज की छोटी-छोटी समस्याओं के सिलसिले में धी-धीरे मैं इस सूची के बारे में भूल गया। न जाने कब जीवन के अट्ठारह महीने बीत गए। एक दिन अपने किसी जरूरी कागज को खोजते हुए अचानक वह सूची में लिखी जिन समस्याओं से मैं इतना डर रहा था उनमें से एक

भी घटना वास्तव में नहीं घटी! और उनके सम्बन्ध में जो हुआ था वह कुछ इस प्रकार थाः

1. सरकार ने छात्रों को व्यवसायिक प्रशिक्षण देने के लिए बिजनेस कालेजों को अनुदान देना शुरू कर दिया था, जिनमें मेरा कालेज भी था। अब कालेज में छात्रों की संख्या भी बढ़ गयी थी जिससे आर्थिक स्थिति भी बेहतर होने लगी थी।
2. युद्ध समाप्त हो चुका था और मेरा पुत्र सकुशल वापस आ चुका था।
3. हवाई अड्डा बनाने की योजना में कुछ स्थान परिवर्तन हो जाने के कारण मेरा मकान अब बच गया था। मेरी चिन्ता निरर्थक निकली।
4. हल्की मरम्मत और सावधानी के कारण मेरी कार के टायर अभी तक चल रहे हैं।
5. अपने कालेज की आर्थिक दशा में सुधार हो जाने के कारण व कुछ अतिरिक्त काम भी मिल जाने से, बेटी की कालेज शिक्षा में अब कोई बाधा नहीं रह गयी थी।

इस प्रकार, अपनी समस्याओं एवं चिंताओं की सूची बनाने से यद्यपि मुझे प्रत्यक्षतः कोई लाभ नहीं हुआ किन्तु आज, अपनी बनायी इस सूची को पढ़कर यह बात सिद्ध हो गयी कि हम भविष्य की जिन संभावनाओं को सोच कर इतने चिंतित व तनवग्रस्त हां जाते हैं, उनमें से अधिकाँश बातें तो होती ही नहीं है! मैं यह सोचने पर विवश हो गया कि हम प्रायः उन काल्पनिक घटनाओं के बारे में चिन्ता करने की मूर्खता करते है जो हमारे नियंत्रण के बाहर होती है और शायद कभी नहीं घटती हैं। इस प्रकार हम एक अनदेखे-अनजाने कल की चिन्ता में अपने आज को भी खराब कर बैठते हैं।

चिंता पर विजय, एक घंटे में

प्रसिद्ध अर्थशास्त्री, रोजर डूब्ल्यू. बैब्सन का दावा है कि उनकी समस्या चाहे जितनी भी गंभीर हो वे उसकी चिन्ता को मात्र एक घंटे में समाप्त कर सकते हैं। सुननं में यह बात भले ही अटपटो या अविश्वसनीय लगे किन्तु इसके लिए उनके बताये गए उपाय को पढ़ कर शायद आप भी सहमत होना चाहेंगे। तो आइये जानें उनका यह चमत्कारिक तरीका, उन्हीं के शब्दों में।

"जब भी मैं खुद को वर्तमान समस्याओं में घिर कर चिंतित होते देखता हूँ तो मैं अपनी लाइब्ररी में चला जाता हूँ। वहां पर अपनी आँखें बंद कर मैं उस शेल्फ की ओर चलकर जाता हूँ जिसमें इतिहास की किताबें रखीं हैं। आँखें बंद रखते हुए ही मैं उस शेल्फ से कोई एक किताब उठा लेता हूँ। मैं नहीं जानता कि वह किताब किसकी लिखी है या उसका टाइटल क्या है। अब अपनी आँखें खोल कर मैं लाइब्रेरी में बैठ कर उस किताब को उसी पन्ने से आगे, कम से कम एक घंटे तक, पढ़ता हूँ इतिहास के उन पृष्ठों को पढ़ते हुए मुझे महसूस होता है कि दुनिया हमेशा से ही दुखों से भरी रही है और सभ्यता हमेशा लड़खड़ाती नजर आयी है।" ऐसा लगता है कि इतिहास के वो पन्ने चीख-चीख कर युद्ध, अकाल, गरीबी, महामारी और इंसान के इंसान पर अत्याचारों की कहानी सुना रहे हों। एक घंटे तक इन पृष्ठों को पढ़ने के बाद मुझे लगता है कि आज की स्थिति भले ही कितनी भी खराब क्यों न हो, परन्तु वह इस गुजरे ऐतिहासिक समय से काफी बेहतर है। इन विचारों के साथ ही मुझे अपनी समस्याओं के सकारात्मक पहलू देखने में मदद मिलती है और मेरी चिन्ता व तनाव का पारा उतरने लगता है तथा मैं अपने अन्दर एक नयी ऊर्जा का संचार अनुभव करता हूँ

मैंने मरना छोड़ा और जी उठा

हम सब जानते हैं कि हमारे मानविक तनाव का मूल कारण चिन्ता होती है। अब प्रश्न यह उठता है कि, चिन्ता का कारण क्या होता है? आखिर यह चिन्ता होती ही क्यों है? क्या हम इसे स्वयं से दूर नहीं रख सकते? प्रख्यात लेखक पर्सी एच. व्हाइटिंग की आप बीती से शायद इस सभी प्रश्नों का उत्तर मिल सकता है। अपने बीते जीवन के अनुभव वे कुछ इस प्रकार व्यक्त करते हैं

"मैं अलग-अलग बीमारियों से जितनी बार मरा हूँ उतना कोई दूसरा इंसान नहीं मरा होगा मेरे पिता की दवा की दुकान थी और मैं इसमें पला-बढ़ा था। हर रोज मैं डॉक्टरों और नर्सों से बातें करता था, इसलिए सामान्य व्यक्ति की तुलना में मैं ज्यादा बीमारियों के नाम और उनके लक्षण जानता था। मैं जब एक या दो घंटे तक किसी बीमारी के बारे में चिन्ता करता था तो मुझमें वही लक्षण उभर आते थे जो उस रोग से पीड़ित मरीज के शरीर में होते थे! मुझे याद है कि एक बार हमारे शहर में डिप्थीरिया की महामारी फैली थी। अपनी दवा दुकान पर हर दिन मैं उन लोगों को दवाएं बेच रहा था जो संक्रमित परिवारों से आते थे। जिस बात का मुझे डर था वही मेरे साथ हो गयी। मुझे डिप्थीरिया हो गया। मुझे पूरा विश्वास था कि मुझे यही हुआ है। और फिर चिन्ता कर-करके मैंने आम लक्षणों को आमंत्रित कर लिया!! डॉक्टर बुलवाया, उसने मुझे देखा और कहा, हाँ, पर्सी, तुम्हें डिप्थीरिया हो गया है।" डॉक्टर की पुष्टि से मेरे दिमाग को राहत मिली; हो जाने पर मैं किसी बीमारी से नहीं डरता था। मैंने करवट बदली और सो गया। अगली सुबह मैं पूरी तरह स्वस्थ था।

बरसों तक मैंने अपनी अलग पहचान बनायी है, क्योंकि मैं असामान्य और अजीबोगरीब बीमारियों का विशेषज्ञ था—मैं कई बार जबड़े संबंधी रोग 'लाक्जा' और हाइड्रोफोबिया से मरा हूँ। बाद में, मैं

सामान्य बीमारियों तक ही सीमित रहने लगा- यानी, कैंसर और टी. बी. का विशेषज्ञ बन गया।

आज मैं इस बारे हंस सकता हूँ, परन्तु उस समय यह बहुत दुखद था। बरसों तक मैंने यह डर महसूस किया है कि मेरे कब्र में लटके हुए हैं। बहरहाल मैं अपनी प्रगति बताते समय खुश हूँ कि, पिछले दस वर्षों में, मैं एक बार भी नहीं मरा हूँ।

मैंने मरना किस तरह छोड़ा? अपनी मुर्खतापूर्ण कल्पना पर हंसकर। जब कभी भ्क्षी मैं किन्हीं भयानक लक्षणों को आते देखता था तो मैं अपने आप पर हंसने लगता था और कहता था देखो व्हाइटिंग, तुम बीस सालों से एक के बाद एक, अनेक घातक बीमारियों से मर रहे हो, फिर भी तुम्हारा स्वास्थ्य आज बहुत अच्छा है। हाल ही में एक बीमा कंपनी ने तुम्हारा फिर से बीमा किया है। क्या यह समय नहीं है, व्हाइटिंग कि तुम थोड़ा अलग हट कर, चिन्ता करने वाले उस मूर्ख पर अच्छी तरह हंसो जो कि तुम हो?! परन्तु मैंने पाया कि अपने बारे में चिन्ता करना और खुद पर हँसना दोनों काम एक साथ करना मेरे लिए संभव नहीं था। इसलिए तब से मैं सिर्फ खुद पर हँसता हूँ।

चिन्ता हरण वृक्ष

मेरे जीवन में कुछ पूर्व एक ऐसी घटना हुई जिसे इस जन्म में तो भूल पाना शायद संभव न होगा। उस घटना ने मेरी सोच को एक नया व सकारात्क मोड़ दे दिया। जब कभी भी मैं स्वयं को चिंताओं से घिरा व मारसिक तनाव के बोझ तले दबा महसूस करता हूँ, तो उस घटना की याद मुझे इस तनावग्रस्त स्थिति से बाहर निकालने में सहायक होती है।

उस समय मेरे पुराने घर में मरम्मत का काम चल रहा था और लकड़ी के काम के लिए एक बढ़ई (कारपेंटर) सुरेश लगा था जो प्रतिदिन एक निकटवर्ती गाँव से आता था। उस दिन उसके कार्य में रह-रहकर कुछ न कुछ व्यवधान पड़ रहा था। कभी बिजली की आरी चलना बंद हो जाती तो कभी कोई अन्य औजार ठीक से काम नहीं कर रहे थे। इस बात से वह काफी परेशान तो था ही, शाम को जब अपने घर लौटने लगा तो उसकी बाईक ने भी जैसे चलने से इन्कार कर दिया। काफी प्रयास के बाद भी जब वह स्टार्ट न हो सकी तो मैंने उसे उसके घर तक छोड़ने की बात कही। वह मान गया और कार में मेरे बगल की सीट पर बैठ गया। सारे रास्ते वह कुछ नहीं बोला, चिन्ता व तनाव उसके चेहरे पर स्पष्ट दिख रहे थे। अपने गाँव पहुँच कर कार से उतरते हुए उसने आभार पूर्ण मुद्रा में मेरी ओर देखा और विनम्र निवेदन किया कि मैं उसके घर कुछ जलपान करके वापस जाऊं। मैंने मना करना उचित नहीं समझा और हम उसके घर की ओर चल दिए। उसके घर के बाहर एक पेड़ था, वह उस पेड़ के पास रुका, अपने दोनों हाथ उठा कर उसने पेड़ की एक डाली को छुआ और फिर हम घर के द्वार पर आ गए। अगले ही पल मेरी आँखों ने जो देखा मेरा दिल जैसे उसे मानने से मना कर रहा था। सुरेश के चेहरे से उदासी व तनाव के लक्षण पूरी तरह से गायब हो चुके थे। उसने मुस्कुराते हुए अपने दोनों बच्चों को गले लगाया और

प्यार किया। अपनी पत्नी को मेरा परिचय देते हुए सुरेश ने बड़े सहज भाव से उसे जलपान की व्यवस्था का अनुरोध किया। मैं निरंतर इस आकस्मिक परिवर्तन का कारण सोचने का प्रयास कर रहा था, परन्तु पूर्णतः असफल रहा।

वहां से लौटते समय सुरेश मुझे मेरी कार तक छोड़ने चल दिया। मैं अपनी उत्कंठा को और अधिक देर तक रोक नहीं सका और जो कुछ मेरी आँखों ने देखा था उसके विषय में सुरेश से पूछ बैठा। वह सहज भाव में मुस्कुराते हुए बोला, "ओह वो पेड़? वह तो मेरा चिन्ता हरण वृक्ष है!! मेरा काम ही कुछ ऐसा है कि मैं किसी न किसी कारण चिंतित होने से खुद को रोक नहीं सकता हूँ। परन्तु मेरा सोचना है कि मेरे काम की चिंताओं का मेरी पत्नी और बच्चों से कोई सम्बन्ध नहीं होना चाहिए, उन्हें इससे कोई परेशानी नहीं होनी चाहिए। इसलिए, हर शाम अपने काम से लौटते समय मैं अपनी सारी चिंताओं को उस पेड़ की डाल पर टांग देता हूँ, और सुबह काम पर जाते समय उन्हें फिर उतार लेता हूँ।" वह एक क्षण के लिए रुका, फिर खुशी के अंदाज में बोला, "और आश्चर्य की बात तो यह है कि सुबह मैं देखता हूँ कि डाल पर उतनी चिंताएं नहीं हैं जितनी मैंने पिछली शाम टांगी थीं!!"

अपने घर वापस आते समय मैं निरंतर सोचता रहा, कि सच ही तो है; हम स्वयं चिंताओं को आमंत्रित करते हैं, उन्हें लेकर ऐसी ऐसी बातें सोचते हैं जो प्रायः हमारे नियंत्रण के बाहर होती हैं। इन चिंताओं से तनावग्रस्त हो कर हम अपने परिवार के निर्दोष सदस्यों व अन्य प्रियजनों के साथ अवांछित व्यवहार करते हैं!! कितना अच्छा हो यदि हम अपनी चिंताओं को अपने कार्यस्थल तक ही सीमित रखें, उन्हें अपने साथ घर न लायें। अगले दिन वे खुद-ब-खुद कम होती जायेंगी!!

गिलास का वजन

एक विश्व विद्यालय के प्रोफेसर, मनोविज्ञान की कक्षा में अपने छात्रों को तनाव प्रबंधन के विषय में बताने जा रहे थे। अपनी वार्ता प्रारम्भ करने से पूर्व उन्होंने एक व्यवहारिक प्रयोग किया। कांच का एक गिलास अपनी मेज पर रख कर उन्होंने उसमें कुछ पानी भर दिया। छात्र मुस्कुरा कर एक दूसरे की ओर देखते हुए फुसफुसाने लगे, अब प्रोफेसर वही घिसा-पिटा सवाल पूछेंगें, "यह गिलास आधा भरा है आधा खाली!" शायद प्राफेसर भी अपने छात्रों के मन की बात समझ गए थे। वे मुस्कुरा कर बोले, "पानी के इस गिलास का वजन क्या होगा?" छात्रों ने अपने-अपने अनुमान के अनुसार उसे 200 से 500 ग्राम तक बताया। प्रोफेसर ने कहा, "मेरे विचास से इसका वजन 250 ग्राम है।" तब उन्होंने कक्षा में से एक छात्र को अपने पास बुलाया और कहा, "इस गिलास को अपने हाथ में पाँच मिनट तक उठाये रहें।" छात्र ने तुरन्त वैसा ही किया। पाँच मिनट के बाद प्रोफेसर ने उसे पुनः मेज पर रख देने का निर्देश दिया। कुछ देर बाद उन्होंने उसे वही गिलास अपने हाथ में दस मिनट तक उठाये रखने के लिए कहा, और इसी प्रकार तीसरी बार उसे बीस मिनटों तक उठाने के लिए कहा।

अब प्रोफेसर ने उस छात्र से कहा कि वह तीनों बार गिलास को उठाये रखने के सम्बन्ध में अपना अनुभव कक्षा को बताये। छात्र ने बताया कि पहली बार तो उसे पता ही नहीं चला कब पाँच मिनट बीत गए, दूसरी बार दस मिनट तक गिलास उठाने से उसके हाथ में कुछ थकान महसूस होने लगी थी, और तीसरी बार तो उसका हाथ जोर से दर्द करने लग गया था, लगता था गिलास उसके हाथ से गिर पड़ेगा। तब प्रोफेसर ने उसे अपने स्थान पर बैठने की अनुमति देते हुए अपनी वार्ता प्रारम्भ की। बोले, "आप लोगों ने देखा कि तीनों बार गिलास वही था, उसका वजन वही था, और उठाने वाला भी वही

था, फिर भी उसके तीनों अनुभव भिन्न-भिन्न रहे। गिलास के वजन में कोई बढ़ोतरी नहीं हुई फिर भी तीसरी बार बीस मिनट तक गिलास को उठाये रखना उस छात्र की क्षमता के परे हो गया। हमारी चिंताएं और तनाव भी इस पानी के गिलास की तरह हैं। आप उनके सम्बन्ध में थोड़ी देर तक सोचते हैं तो कुछ नहीं होता है उसे घंटो तक सोचते रहेंगे तो सर दर्द करने लगेगा, और अधिक समय तक निरंतर उस विषय में सोचते रहेंगे तो अपने दिमाग पर एक भारी बोझ सा महसूस करने लगेंगे।" हमारे जीवन में कोई भी चिन्ता या परेशानी हमारे मानसिक तनाव का कारण नहीं होती है, जैसा कि हम प्रायः सोचते हैं। उसके विषय में निरंतर सोच ही उसे तनाव का रूप दे देती है।

किसान का बैल

एक किसान का बैल कुएँ में गिर गया। वह बैल घंटों जोर-जोर से शोर करता रहा और किसान सुनता रहा। वह नहीं सोच पा रहा था कि उसे क्या करता चाहिये। अंततः उसने निर्णय लिया कि बैल तो काफी बूढ़ा हो चुका है, उसे बचाने से कोई लाभ नहीं होगा, इसलिए उसे कुएँ में ही दफना देना चाहिये।

किसान ने अपने पड़ोसियों को मदद के लिए बुलाया; सभी ने एक-एक फावड़ा पकड़ा और कुएँ में मिट्टी डालनी शुरू कर दी। जैसे ही बैल कि समझ में आया कि यह क्या हो रहा है वह और जोर-जोर से चीखने लगा और फिर, अचानक वह बिलकुल शांत हो बया। सबने समझ लिया की वह मर गया होगा।

लोग चुपचाप कुएँ में मिट्टी डालते रहे, तभी किसान ने कुएँ में झाँका तो वह सन्न रह गया... उसने देखा कि अपनी पीठ पर पड़ने वाले हर फावड़े की मिट्टी के साथ वह बैल एक आश्चर्यजनक हरकत कर रहा था, वह हिल-हिल कर उस मिट्टी को नीचे गिरा देता और फिर कदम बढ़ाकर उस पर चढ़ जाता था।

जैसे-जैसे किसान तथा उसके पड़ोसी उस पर फावड़ों से मिट्टी गिराते वैसे-वैसे वह हिल-हिल कर उस मिट्टी को गिरा देता और एक सीढ़ी ऊपर चढ़ आता। सबको आश्चर्यचकित हुए जल्दी ही वह बैल कुएँ सके किनारे पर पहुंच गया और फिर कूदकर बाहर भाग गया!!

अब थोड़ी देर मे लिए, यदि हम स्वयं को उस बैल की जगह सोच लें जो कि इस संसार रूपी कुएँ में गिरा पड़ा है, तो यही कहानी हम पर लागू होती नजर आएगी। आपको दिखेगा कैसे.... अनेक लोगों दूवारा तरह तरह की मिट्टी आप पर फेंकी जा रही है, जैसे आपको आगे बढ़ने से रोकने के लिए, आपकी निरर्थक आलोचना की

मिट्टी, आपकी सफलता को बर्दाश्त न कर पाने वालों द्वारा ईर्ष्या की मिट्टी, आपके सम्मान एवं ख्याति से जलने वालों द्वारा अपनाए जाने वाले अनैतिक तरीकों की मिट्टी, वगैरा.... वगैरा....., जो आपके दिमाग को चिंता व तनाव के बोझ तले दबा कर निष्क्रिय कर सकती है। ऐसे में आपको हतोत्साहित हो कर कुएँ में नहीं पड़े रहना है, और न ही चीखने चिल्लाने से काई लाभ होगा। बल्कि साहस के साथ हर तरह की मिट्टी को नीचे गिरा देना है, उस आलोचना, ईर्ष्या इत्यादि की मिट्टी को अपने पैरों तले रौंदते हुए और उसे सीढ़ी बनाकर अपने कदमों को आगे बढ़ाते जाता है। अपनी असफलताओं को सफलता की सीढ़ी की तरह इस्तेमाल करना है।

भैंस की मौत!

एक दार्शनिक अपने शिष्य के साथ कहीं से गुजर रहा था। चलते-चलते वे एक खेत के पास पहुंचे। खेत अच्छी जगह स्थित था लेकिन उसकी हालत देखकर लगता था मानों उसका मालिक उस पर जरा भी ध्यान नहीं देता है।

खैर, दोनों को प्यास लगी थी सो वे खेत के बीचो-बीच बने एक टूटे-फूटे घर के सामने पहुचे और दरवाजा खटखटाया। अन्दर से एक आदमी निकला, उसके साथ उसकी पत्नी और तीन बच्चे भी थे। सभी फटे-पुराने कपड़े पहने हुए थे।

दार्शनिक बोला, "श्रीमान, क्या हमें पीने को पानी मिल सकता है? बड़ी प्यास लगी है!"

"जरूर!" आदमी उन्हें पानी का जग थमाते हुए बोला।

"मैं देख रहा हूँ कि आपका खेत इतना बड़ा है पर इसमें कोई फसल नहीं बोयी गयी है, और न ही यहाँ फलों के वृक्ष दिखायी दे रहे हैं। आखिर आप लोगों का गुजारा कैसे चलता है?" दार्शनिक ने प्रश्न किया।

"जी, हमारे पास एक भैंस है, वो काफी दूध देती है जिसे पास के गाँव में बेच कर कुछ पैसे मिल जाते हैं और बचे हुए दूध का सेवन कर के हमारा गुजारा चल जाता है।" आदमी ने समझाया।

दार्शनिक और शिष्य आगे बढ़ने को हुए तभी आदमी बोला, "शाम काफी हो गयी है, आप लोग चाहें तो आज रात यहीं रुक जाएं।" दोनों रुकने को तैयार हो गए।

आधी रात को, जब सभी गहरी नींद में सो रहे थे तो दार्शनिक ने शिष्य को उठाया और बोला, "चलो हमें अभी यहाँ से चलना है,

और चलने से पहले हम उस आदमी की भैंस को चट्टान से गिराकर मार डालेंगे।" शिष्य को अपने गुरु की बात पर यकीन नहीं हो रहा था पर वो उनकी बात काट भी नहीं सकता था। दोनों भैंस को मार कर रातों-रात गायब हो गए!

यह घटना शिष्य के दिल में गहरी बैठ गयी और उसे अपने किये का काफी पश्चाताप था। लगभग 5 साल बाद जब वह एक सफल उद्‌यमी बन गया तो उसने सोचा क्यों न अपनी गलती का पश्चाताप करने के लिए एक बार फिर उस आदमी से मिला जाए और उसकी आर्थिक मदद की जाए। अपनी चमचमाती कार से वह उस खेत के सामने पहुंचा। उसे अपनी आँखें पे यकीन नहीं हो रहा था। वह उजाड़ खेत अब फलों के बगीचे में बदल चुका था.... टूटे-फूटे घर की जगह एक शानदार बंगला खड़ा था और जहाँ पर अकेली भैंस बंधी रहती थी वहां अच्छी नस्ल की कई गाएं और भैंसे अपना चारा चर रही थीं।

शिष्य ने सोचा कि शायद भैंस के मरने के बाद वो परिवार सब बेच-बाच कर कहीं चला गया होगा। यह सोच कर वापस लौटने के लिए उसने अपनी कार स्टार्ट की ही थी कि तभी उसे दस साल पहले वाला वह आदमी दिखा।

"शायद आप मुझे पहचान नहीं पाए, कुछ साल पहले मैं आपसे मिला था।" शिष्य उस आदमी की तरफ बढ़ते हुए बोला।

"नहीं-नहीं ऐसा नहीं है, मुझे अच्छी तरह याद है, आप और आपके गुरु यहाँ आये थे.... कैसे भूल सकता हूँ उस दिन को उस दिन ने तो मेरा जीवन ही बदल कर रख दिया। आप लोग तो बिना बताये चले गए पर उसी दिन न जाने कैसे हमारी भैंस भी चट्टान से गिरकर मर गयी। कुछ दिन तो समझ ही नहीं आया कि क्या करें,

पर जीने के लिए कुछ तो करना था, सो लकड़ियाँ काट कर बेचने लगा, उससे कुछ पैसे हुए तो खेत में बोवाई कर दी... सौभाग्य से फसल अच्छी हो गयी, बेचने पर जो पैसे मिले उससे फलों के बगीचे लगवा दिए और यह काम अच्छा चल पड़ा और इस समय मैं आस-पास के अनेक गाँव में सबसे बड़ा फल व्यापारी हूँ... सचमुच, ये सब कुछ न होता अगर उस भैंस की मौत न हुई होती!"

"लेकिन यही काम आप पहले भी कर सकते थे?" शिष्य ने आश्चर्य से पूछा।

आदमी बोला, "बिलकुल कर सकता था। पर तब जिन्दगी अब उतनी मेहनत के आराम से चल रही थी, कभी लगा ही नहीं कि मेरे अन्दर इतना कुछ करने की क्षमता है सो कोशिश ही नहीं की पर जब भैंस मर गयी तब हाथ-पाँव मारने पड़े और मुझ जैसा गरीब-बेहाल इंसान भी इस मुकाम तक पहुँच पाया।"

आज शिष्य अपने गुरु के उस निर्देश का असली मतलब समझ चुका था और अब उसे अपने किये का कोई पश्चाताप नहीं था।

कुछ इसी प्रकार, कई बार हम उपनी परिस्थितियों के अतने आदि हो जाते हैं कि बस उन्हीं में जीना सीख लेते हैं, फिर चाहे वो परिस्थितियां कितनी बुरी ही क्यों न हों।

हमें अपनी नौकरी या व्यवसाय पसंद नहीं है, फिर भी उसे पकड़े-पकड़े जिन्दगी बिता देते है, तो कई बार हम बस इसलिए किसी नये बिजनेस के बारे में नहीं सोचते क्योंकि हमारा मौजूदा बिजनेस दाल-रोटी भर का खर्चा निकाल देता है। परन्तु सच तो यह है कि हम स्वयं अपनी क्षमता को ही नहीं पहचान पाते हैं और वो बहुत कुछ करने से चूक जाते हैं जिन्हें करने की हमारे अन्दर क्षमता है और जो हमारे जीवन को कहीं बेहतर बना सकती है।

सोचिये, कहीं आपकी जिन्दगी में भी तोा कोई ऐसी भैंस नहीं है जो आपको एक बेहतर जिन्दगी जीने से रोक रही है.... कहीं ऐसा तो नहीं कि आपको लग रहा है कि आपने उस भैंस को बाँध कर रखा है जबकि वस्तुतः उस भैंस ने आपको बाँध रखा है। और अगर आपको लगे कि ऐसा है, तो फिर देर किस बात की, हिम्मत करिए, अपनी रस्सी को काटिये और हो जाइये आजाद.....!!

■■■